Das Wesen der griechischen Küche

In den griechischen Tavernen erschnuppert die Nase eine unvergleichliche Harmonie der Düfte, und die Zutaten, welche in den großen Töpfen schmoren, lassen sich nur erahnen. Da drängt sich kein Kraut, kein Gewürz vor. Alle dienen dem abgerundeten Wohlgeschmack, den sie in der richtigen Dosierung erzeugen: Olivenöl, Zwiebeln, Knoblauch und Tomaten, die Grundlage vieler Gerichte, begleiten sowohl Fleisch als auch Fisch oder vereinen sich mit anderen Gemüsen, ohne zu dominieren. Das Raffinierte der griechischen Küche besteht in der Einfachheit, mit der die Hausfrau oder der Tavernenkoch mit den Produkten des Landes umgeht. Darin zeigen sie jedoch viel Beweglichkeit. Je nachdem, was die Jahreszeit gerade bietet, kombinieren sie Gemüse, Fleisch oder Fisch immer wieder neu nach traditionellen Rezepten. Wird ein Lammragout im Frühling mit zarten Artischokken zubereitet, so läßt es sich im Winter von Sellerie, Karotten oder Kartoffeln und Zwiebeln begleiten.
Durch das Jahr entstehen so immer wieder neue Variationen mit überraschenden Geschmackserlebnissen.

Töpfe, in denen es schmort und brutzelt

Die meisten griechischen Gerichte schmoren langsam vor sich hin. Die griechische Hausfrau läßt sich Zeit beim Kochen – jedenfalls auf dem Lande. Hier rollt sie noch die arbeitsaufwendigen Filloteig-Blätter für die mit Käse oder Gemüse gefüllten Pasteten selbst aus, während die berufstätige Athenerin sie fertig beim Fillo-Bäcker einkauft. Eine seit Jahrtausenden beliebte Garmethode ist das Schmoren im Backofen. Da wandern alle Zutaten in einen

Je frischer die Zutaten, desto besser gelingen typisch griechische Gerichte – und auf dem Markt ist das Angebot besonders vielfältig.

irdenen Topf, werden mit Olivenöl übergossen, Kräuter und Gewürze kommen hinzu – fertig. Alles andere besorgt der Backofen, und nach ein bis zwei Stunden kommt dann die Mahlzeit auf den Tisch.

Mezethakia ißt man vorweg

Neben der einfachen, bäuerlichen Küche behauptet sich eine aufwendigere, deren Ergebnisse vor allem die vielen kleinen Vorspeisen, Mezethakia, sind: zum Beispiel die Kaviarpaste Taramosaláta oder Dolmadákia, mit Reis, Kräutern, Pinienkernen und Korinthen gefüllte Weinblätter, ebenso wie die raffinierte Auberginenpaste, Melisanosaláta, oder Tiropitákia, das sind gewickelte Teigdreiecke mit Käse oder anderen Zutaten gefüllt. Die Liste ließe sich endlos fortsetzen. Hier kommen viele Einflüsse zusammen: angefangen bei den alten Griechen, die als Seefahrervolk durch ihre vielen Handelsbeziehungen Küchenanregungen aus dem gesamten Mittelmeerraum mitbrachten, über die Byzantiner und die Türken, die das Land lange besetzten sowie Italiener, Franzosen, Engländer und sogar Russen, die auf einigen Inseln zeitweise als Herren auftraten. Nicht zuletzt bereicherten die vielen, aus Kleinasien zurückkehrenden Griechen Anfang dieses Jahrhunderts die Küche ihres Mutterlandes mit neuen Rezepten, wofür die Smyrna-Würstchen ein Beispiel sind.

Spricht der Grieche von Fleisch, meint er garantiert Lamm, und er kennt viele verschiedene Zubereitungsarten dafür.

Griechische Mahlzeiten

Wie in vielen Mittelmeerländern findet auch in Griechenland, außer vielleicht an Feiertagen, das Frühstück wenig Beachtung. Ein schneller Mokka, mit Milch gestreckt und ein Stück Brot, ein Sesamkringel, ein Koulouri, oder ein mit Käse gefülltes Blätterteiggebäck, Tiropitta, wird unterwegs, wenn es zur Arbeit geht, schnell gegessen. Das reicht allemal bis zum zweiten Frühstück, das gegen 11 oder 12 Uhr üppiger ausfällt. In einem kleinen Lokal um die Ecke nimmt man eine Kleinigkeit zu sich, Käse mit Oliven, vielleicht eine Suppe oder eine Portion Keftédes, Hackfleischbällchen, und trinkt dazu als Aperitif einen Ouzo, Anisschnaps, mit Wasser verdünnt. Doch feste Tischzeiten gibt es in Griechenland eigentlich nicht. Um zwölf kann genauso die wichtigste Mahlzeit des Tages, das Mittagessen, beginnen, und sich bis zum frühen Nachmittag hinziehen. Da wird nun richtig aufgetischt oder nach Gusto am Herd direkt aus den Töpfen zusammengestellt: Lammfleisch mit Nudeln oder Gemüse, Nudel-

Osterbrot gehört zum Fest wie das Osterlamm, und wird in dieser Zeit in jeder griechischen Bäckerei, wie hier in Rethymnon auf Kreta, angeboten.

Von Osterbrot und Neujahrskuchen

Das Essen ist, wie überall, auch in Griechenland vor allem an den Feiertagen sehr wichtig. Und eines der wichtigsten griechischen Feste ist der Ostersonntag. An Ostern zieht die ganze Familie mit Freunden ins Freie, um das Osterlamm zu grillen, das je nach Region auf verschiedene Weise zubereitet wird. Da darf auch das Osterbrot nicht fehlen. An Silvester ist ebenfalls für das leibliche Wohl gesorgt. Der Neujahrskuchen, Vasilópitta, steht Punkt 12 Uhr in der Neujahrsnacht auf dem Tisch. Dieses Fest ist ebenfalls ein gesellschaftliches Ereignis. Verwandte und Freunde treffen sich zu Mandelgebäck und Mokka schon am frühen Nachmittag und wer Glück hat, findet im Neujahrskuchen eine Münze.

oder Auberginenauflauf. Als Zwischengang dient eine Suppe oder ein Reisgericht, und ein Salat versteht sich von selbst. Danach kann man natürlich nicht gleich wieder mit der Arbeit beginnen – man hält Siesta. Das Leben beginnt, vor allem im heißen Sommer, erst wieder am späten Nachmittag, und dann wird es auch bald Zeit für die Abendmahlzeit. Zu Hause fällt sie einfach und leicht aus: ein Reisgericht, Joghurt, Salat, Früchte. Doch auch in der Woche ist mindestens ein Tavernenbesuch angesagt. Denn der Grieche ißt nicht nur, um satt zu werden, sondern auch, um in Gesellschaft zu sein, sich zu unterhalten, zu erzählen und zu diskutieren. Und zum Essen, das dann meist aus Vorspeisen auf kleinen Tellerchen besteht, wird Wein, Ouzo oder Bier getrunken. Es wird aber nie getrunken, ohne zu essen.
Ganz anders sieht es mit dem Kaffee aus, denn Kafedaki wird in Griechenland zu jeder Tageszeit und nicht nur zum Essen getrunken. Dazu gibt es immer ein Glas Wasser.

Wie die Griechen einkaufen

Wer auf einem Markt in Griechenland und auch bei uns in einem griechischen Lebensmittelladen oder beim Gemüsehändler beobachten konnte, wie eine Griechin jede Aubergine, Tomate oder Zucchini kritisch prüft, vorsichtig betastet, hin und her wendet, ehe sie sich zum Kauf entschließt, erkennt den Anspruch, den sie an die Qualität der Produkte stellt. Grundsätzlich gilt: je frischer das Gemüse, desto besser. Da frische Tomaten vor allem im Winter oft wässrig und fade sind, können Sie diese auch ruhig einmal durch Dosentomaten ersetzen. Hohe Ansprüche werden auch beim Fleischkauf – in Griechenland noch häufig Männersache und mit langen Diskussionen mit dem Fleischer verbunden – wie auch bei Käse angesetzt, wobei hier erst einmal probiert wird. Scheuen auch Sie sich nicht, in den kleinen griechischen oder türkischen Geschäften erst das Angebot zu prüfen und hier und da zu probieren!

Lamm und anderes Fleisch

Spricht der Grieche von Fleisch, meint er meistens Lammfleisch. Es wird für Ragouts, für Braten aus dem Ofen, zum Grillen auf Spießen oder als Koteletts verwendet. Aber auch Kalb oder Rind und Schwein, Huhn und Kaninchen kommen regelmäßig auf den Tisch. Alle diese Zutaten sind auch bei uns im Angebot. Wer die Gelegenheit dazu hat, sollte das Lammfleisch beim griechischen oder türkischen Fleischer kaufen, da sie sich am besten darauf verstehen, die benötigten Stücke sachgerecht zuzuschneiden.

Fisch

Hier wird es schon schwieriger, den Anforderungen der griechischen Küche gerecht zu werden. Denn Mittelmeerfische gibt es nur in größeren Städten frisch, sonst meist tiefgefroren – wenn überhaupt. Doch auch unser Frischfischangebot aus nördlichen Meeren eignet sich für viele griechische Gerichte.

Feta et cetera

Die wichtigste Rolle spielt in der griechischen Küche der Feta, Schafkäse, den Sie in jedem gut sortierten Lebensmittelladen bekommen können. In Folie verpackten Feta sollten Sie vor der Verwendung abspülen. Ist er sehr salzig, legen Sie ihn kurz in frisches Wasser, dann wird er milder. Im griechischen Laden finden Sie meist verschiedene Schafkäseblöcke mit mehr oder weniger hohem Fettgehalt zur Auswahl. Wählen Sie für Bauernsalat oder zum Füllen am besten eine Sorte mit mittlerem Fettgehalt (40–50%). Schafkäse aus Bulgarien, der Türkei, Korsika oder Sardinien können Sie auch verwenden.

Weitere Käsesorten, die bei uns in griechischen Lebensmittelläden angeboten werden:

Kefalotiri ist ein gesalzener Hartkäse von kräftigem Geschmack, der wie Parmesan und Emmentaler zum Kochen und Würzen von Gerichten, für Aufläufe und zum Füllen verwendet wird.

Kefalo-Graviera ist ein aromatischer, fester Käse, der ähnlich wie Kefalotiri verwendet wird, aber auch sehr gut zu Oliven schmeckt.

Kasséri hat eine gelbliche Farbe und meistens einen hohen Fettgehalt. Er ist mit den Sorten Kaξkaval und Kaξar, die auf dem gesamten Balkan angeboten werden, fast identisch. Ideal ist er zum Würzen von Béchamelsauce oder auch zum Überbacken.

Wird Fisch fangfrisch direkt am Hafen, wie hier in Kavala, oder auf dem Markt angeboten, sollten Sie zugreifen!

Die Filloteig-Blätter

Zu den Köstlichkeiten der griechischen Küche gehören vor allem die Pittes und Pasteten mit den verschiedenen delikaten Füllungen. Diese hüllt man in hauchdünne Blätter aus Filloteig. Die Herstellung dieses Teigs ist nicht einfach, zum Glück gibt es ihn auch bei uns in griechischen Spezialgeschäften fertig zu kaufen. Ein guter Ersatz ist aber auch Strudelteig oder tiefgefrorener Blätterteig. Die Filloteig-Blätter werden zusammengerollt und, damit sie nicht austrocknen, in Folie eingeschweißt angeboten. Was in griechischen Läden Fillo heißt, bekommen Sie in türkischen Geschäften übrigens unter der Bezeichnung Yufka. Da die Teigblätter bei der Verarbeitung schnell austrocknen und dann leicht brechen, sollten Sie sie vorher mit einem feuchten Küchentuch abdecken oder ein wenig mit Wasser aus einem Wäschesprenger besprühen und eine Weile so ruhen lassen. Fillo- und Yufkateig-Blätter können Sie in Folie gewickelt etwa 1 Woche im Kühlschrank aufbewahren.

Hauptsache Olivenöl!

Die meisten griechischen Gerichte schmoren oder braten in Olivenöl oder in Butter. Nur für wenige Speisen, aber zum Fritieren, nehmen die Griechen neutrales Pflanzenöl. Vor allem auf dem Land, wo noch hart gearbeitet wird, sind die Olivenölmengen für die Gerichte reichlich bemessen. Das gilt besonders für Auberginengerichte, denn Auberginen saugen das Öl wie Schwämme auf, wenn Sie in Scheiben in der Pfanne gebraten werden. Nicht umsonst schmecken sie dann auch so gut – Olivenöl ist ein Aromaträger. Nach dem Braten werden die Auberginen dann allerdings auf Küchenpapier entfettet. Überhaupt sind auch die Griechen in ihrer Ernährung gesundheitsbewußter geworden: Man mißt heute die Ölmengen nicht mehr in einer Tasse, sondern nur noch eßlöffelweise ab.

Hier macht es Spaß, verlockend duftende Kräuter und Gewürze auszusuchen: Kräuterhändler in Griechenland.

Von Kräutern und Gewürzen

Ohne Kräuter und Gewürze kommen auch in der griechischen Küche die meisten Gerichte nicht aus:
Basilikum wird eher selten verwendet. Meist steht es im Blumentopf am Fenster, um mit seinem Geruch die Fliegen fernzuhalten.
Dill ist ein unentbehrliches Gewürz für Fisch und Meeresfrüchte, aber auch für Gemüsefüllungen mit Reis und für Tzatzíki.
Knoblauch kommt wirklich nicht in jedes griechische Gericht, wie bei uns oft vermutet wird, sondern nur in ganz bestimmte Speisen. Dann aber reichlich wie zum Beispiel in Tzatzíki oder Skordaliá, die Kartoffel-Knoblauch-Paste.

Kreuzkümmel und Piment riechen schon ein wenig nach Orient. Diese Gewürze geben vor allem Hackfleischgerichten ihren unverwechselbaren Geschmack.
Lorbeerblätter sind vielseitig einzusetzen. Sie eignen sich für Schmorgerichte und Ragouts sowie für Fisch- und Fleischgerichte.
Minze wird gern an Stelle von Dill zum Würzen von Reis, Suppen, Tzatziki oder Fleischbällchen verwendet.
Rosmarin würzt Schmorgerichte und Marinaden für Fisch und Fleisch.
Salbei schmeckt in Geflügelgerichten, Schweine- und Lammbraten.
Thymian und Oregano wachsen in Griechenland fast überall. Für Fleisch- und Gemüsegerichte sind sie unerläßlich.
Zimt ist beliebt in Fleischgerichten und in vielen Süßspeisen. Sie sollten sowohl ganze Stangen als auch Zimtpulver zu Hause haben.
Zitrone ist das A und O der griechischen Küche. Von der Suppe über die Vorspeise bis zum Dessert gibt sie vielen Gerichten Aroma und macht sie zudem bekömmlicher, ohne daß ihre Säure aufdringlich wirkt.

Griechischer Wein...

Von griechischem Wein wird bei uns nicht nur gesungen, Sie können ihn auch hier genießen, denn fast jeder gut sortierte Supermarkt bietet zumindest eine Sorte, wie den griechischen Allerweltswein Demestika in Rot und Weiß oder den geharzten Retsina, an. Anspruchsvollere Sorten sind die trockenen Rot- und Weißweine Nemea vom Peloponnes; der rote »Chevalier de Rhodes« und der weiße »Ilios« von der Insel Rhodos; die Erzeugnisse der Kellereien Boutari und Tsantali, Gambas mit Weinen aus Mittelgriechenland und Achaia Clauss aus Patras auf dem Peloponnes. Sie alle erzeugen gehobene Flaschenweine, die vor allem in den Regalen griechischer Läden und Feinkostgeschäfte zu finden sind. Auch Likörweine wie Mavrodaphne und Samos können Sie bei uns kaufen. Ouzo, der Anisschnaps, der mit Wasser im Verhältnis 1:4 verdünnt wird, und der griechische Weinbrand Metaxa brauchen wohl kaum noch erwähnt zu werden, so bekannt sind diese beiden. Übrigens: die Griechen trinken zu vielen Gerichten auch gerne einmal ein Bier!

Ohne Oliven oder Olivenöl sind die meisten griechischen Gerichte kaum denkbar.

Tapsi, Topf und Knoblauchpresse

Ein Schmortopf aus Ton oder Steingut für das Schmoren und Braten der Gerichte im Backofen ist für die griechische Küche unentbehrlich. Sie können aber auch einen Römertopf oder einen gußeisernen Bräter nehmen. Tapsi heißt eine runde Aluminiumform mit einem hohen Rand, die in Griechenland zum Garen und Backen von Gerichten verwendet wird. Sie eignet sich leider nicht für Elektrobacköfen. Sie können stattdessen Formen aus Schwarzblech benutzen.
Für Pasteten und Aufläufe eignen sich rechteckige feuerfeste Formen gut.
Wichtig, wenn Sie griechisch kochen möchten, sind ein Spitzsieb und große Kaffeefiltertüten. Sie brauchen diese Dinge, um zum Beispiel bei der Zubereitung von Tzatzíki, den Joghurt darin abtropfen zu lassen. Ein Spitzsieb ist aber auch für das Auspressen von geraspelten Gurken oder Zucchini wichtig.
Nützliche Küchengeräte sind auch ein elektrischer Blitzhakker oder ein Pürierstab – und eine Knoblauchpresse, auf die können Sie wirklich kaum verzichten!

Auberginensalat

Melitsanosaláta

Zutaten für 4 Personen:
4 große Auberginen
Saft von 1–2 Zitronen
1 mittelgroße Zwiebel
1–2 Knoblauchzehen
1 Bund Petersilie
8 Eßl. Olivenöl
Salz

Gelingt leicht

Pro Portion etwa:
1800 kJ/430 kcal
4 g Eiweiß · 40 g Fett
14 g Kohlenhydrate

- Zubereitungszeit: etwa 50 Minuten

1. Die Auberginen auf dem Rost im Backofen (Mitte) bei 225° in etwa 20 Minuten von allen Seiten bräunen – zwischendurch mehrmals wenden – oder die Auberginen unter dem Grill von allen Seiten grillen, bis die Schalen aufplatzen und braun werden.

2. Die Auberginen kurz kalt abschrecken, die Stielansätze entfernen und die Auberginen häuten. Das Fruchtfleisch in grobe Würfel schneiden und auf einem Teller sofort mit dem Zitronensaft beträufeln, damit es nicht braun wird.

3. Die Zwiebel und die Knoblauchzehen schälen und mit den Auberginenwürfeln im Mixer oder Blitzhacker pürieren.

4. Die Petersilie abspülen, trockenschütteln und ohne die groben Stiele fein hacken.

5. Das Püree in eine Schüssel geben und nach und nach das Olivenöl unterrühren. Die gehackte Petersilie untermischen und mit Salz und eventuell noch etwas Zitronensaft abschmecken. Das Püree auf einem Teller mit Tomatenachteln garniert servieren.

Joghurt mit Gurke und Knoblauch

Tzatzíki

Was fällt Ihnen ein, wenn Sie nach dem berühmtesten griechischen Gericht gefragt werden? Tzatzíki heißt die Köstlichkeit, die als Vorspeise zu keinem griechischen Essen fehlen darf.

Zutaten für 4 Personen:
700 g griechischer Joghurt
(ersatzweise bulgarischer Joghurt)
1/2 Salatgurke
Salz
2–3 Knoblauchzehen
1 Eßl. Essig
1 Eßl. Olivenöl

Schnell • Gelingt leicht

Pro Portion etwa:
760 kJ/180 kcal
8 g Eiweiß · 12 g Fett
11 g Kohlenhydrate

- Zubereitungszeit: etwa 20 Minuten

1. Ein Spitzsieb mit einer großen Kaffeefiltertüte auskleiden und den Joghurt zum Abtropfen hineingeben.

2. Die Salatgurke schälen und grob raspeln. Die Raspel in einer Schüssel mit etwa 1/2 Teelöffel Salz mischen und etwa 10 Minuten ziehen lassen.

3. Den abgetropften Joghurt in eine Schüssel geben, die Gurkenraspel in ein Sieb geben, mit einem Löffel etwas ausdrükken und hinzufügen. Die Knoblauchzehen schälen und durch die Knoblauchpresse zum Joghurt drücken. Den Essig und das Olivenöl dazugeben und alles gut verrühren. Noch einmal mit Salz abschmecken.

4. Das Tzatzíki auf einem flachen Teller mit Gurkenscheiben und Tomatenachteln anrichten.

Tip!

Tzatzíki erhält eine ganz andere Geschmacksvariante, wenn Sie es mit 1 Eßlöffel gehacktem Dill oder einigen Blättchen feingehackter Minze abschmecken.

Im Bild oben: Joghurt mit Gurke und Knoblauch
Im Bild unten: Auberginensalat

Kartoffel-Knoblauch-Paste

Skordaliá mé patates

Für diese Paste können Sie nach Geschmack die Öl- und Knoblauchdosis variieren. Die Griechen bereiten sie übrigens mit der doppelten Ölmenge zu.

Zutaten für 4 Personen:
400 g Kartoffeln (festkochende Sorte)
2–3 Knoblauchzehen
5 Eßl. Olivenöl
6 Eßl. Fleischbrühe (Instant)
Salz
Saft von 1 kleinen Zitrone
1 dünne milde oder scharfe Peperoni

Raffiniert • Preiswert

Pro Portion etwa:
1500 kJ/360 kcal
9 g Eiweiß · 27 g Fett
21 g Kohlenhydrate

- Zubereitungszeit: etwa 45 Minuten

1. Die Kartoffeln in einem Topf knapp mit Wasser bedecken und mit der Schale etwa 25 Minuten garen, möglichst heiß pellen und durch die Kartoffelpresse oder durch ein Haarsieb in eine Schüssel drücken.

2. Die Knoblauchzehen schälen und durch die Knoblauchpresse zu den Kartoffeln drükken.

3. Das Olivenöl und die Fleischbrühe, Salz und den Zitronensaft dazugeben und alles zu einer geschmeidigen Paste verrühren. Ist sie zu fest, eventuell noch etwas Fleischbrühe oder Öl unterrühren.

4. Die Kartoffelpaste auf einem flachen Teller anrichten, die Peperoni längs aufschneiden, ausspülen, in Ringe schneiden und die Paste damit garnieren.

Variante:
Kartoffelpaste mit Mandeln
Unter die zerdrückten Kartoffeln noch 50 g geriebene Mandeln mischen. Dann braucht die Paste jedoch etwas mehr Öl und Fleischbrühe oder Wasser. Wenn Sie die Paste kräftig sauer mögen, nehmen Sie statt dem Zitronensaft Weißweinessig!

Kaviarpaste

Taramosaláta

Die Paste wird wird mit dem gepreßten, roten Kaviar der Meeräsche zubereitet, den Sie in griechischen Spezialgeschäften erhalten. Sie können aber auch Lachskaviar nehmen.

Zutaten für 4 Personen:
100 g trockenes Fladenbrot (ersatzweise Weißbrot)
100 g Kaviar
100 ccm Sonnenblumen- oder Maiskeimöl
Saft von 1 Zitrone
Zitrone und schwarze Oliven zum Garnieren

Raffiniert

Pro Portion etwa:
1300 kJ/310 kcal
6 g Eiweiß · 27 g Fett
14 g Kohlenhydrate

- Zubereitungszeit: etwa 1 Stunde 20 Minuten (davon etwa 1 Stunde Kühlzeit)

1. Das Fladenbrot einmal quer durchschneiden, in einem tiefen Teller mit warmem Wasser übergießen und einweichen, bis es sich richtig vollgesogen hat.

2. Das Brot gut mit den Händen ausdrücken und mit dem Kaviar im Mixer oder mit dem Pürierstab kurz pürieren, so daß alle Kaviarkügelchen zerkleinert sind.

3. Die Mischung in eine Schüssel geben und nach und nach etwas Öl, etwas Zitronensaft, wieder Öl und Zitronensaft unterrühren, bis eine helle, cremige Masse entstanden ist.

4. Die Kaviarpaste bis zum Servieren etwa 1 Stunde in den Kühlschrank stellen. Dann auf einer kleinen Platte oder auf einem Dessertteller anrichten und mit halben Zitronenscheiben und schwarzen Oliven oder Eiachteln garnieren.

Im Bild oben: Kartoffel-Knoblauch-Paste
Im Bild unten: Kaviarpaste

Griechischer Bauernsalat

Choriátiki saláta

Zutaten für 4 Personen:
1 Salatgurke
500 g Tomaten
1 Bund Frühlingszwiebeln
2 Paprikaschoten
Salz
Pfeffer, frisch gemahlen
4–5 Eßl. Olivenöl
3–4 Eßl. Weinessig
125 g Schafkäse
2 hartgekochte Eier
1 kleines Döschen Anchovisfilets
1 Eßl. Kapern
50 g schwarze Oliven
1 Eßl. frischer Oregano (oder 1 Teel. getrockneter Oregano)

Gelingt leicht • Schnell

Pro Portion etwa:
2100 kJ/500 kcal
16 g Eiweiß · 44 g Fett
9 g Kohlenhydrate

- Zubereitungszeit: etwa 30 Minuten

1. Die Salatgurke gründlich waschen und mit der Schale in Scheiben oder in Würfel schneiden. Die Tomaten abspülen, halbieren und die Stielansätze keilförmig herausschneiden. Die Tomaten in Achtel oder in Würfel schneiden. Die Frühlingszwiebeln ebenfalls gründlich waschen, putzen und in Ringe schneiden. Die Paprikaschoten halbieren, die Stiele und Kerngehäuse herausschneiden, die Schoten ausspülen und in Streifchen schneiden.

2. Alle Zutaten in einer großen Schüssel vermischen. Aus Salz, Pfeffer, dem Olivenöl und dem Weinessig eine Marinade rühren und unter den Salat mischen.

3. Den Schafkäse in Würfel schneiden. Die Eier achteln. Die Anchovisfilets halbieren. Mit den Kapern und den Oliven auf dem Salat verteilen und alles mit dem Oregano bestreuen.

Salat aus weißen Bohnen

Fassólia saláta

Zutaten für 4 Personen:
500 g weiße Bohnen
3–4 Eßl. Olivenöl
3–4 Eßl. Weinessig
Salz
Pfeffer, frisch gemahlen
1 Bund Frühlingszwiebeln
2 Peperoni
1/2 Bund glatte Petersilie
50 g schwarze Oliven
1 Eßl. frischer Oregano (oder 1 Teel. getrockneter Oregano)

Preiswert

Pro Portion etwa:
900 kJ/210 kcal
4 g Eiweiß · 17 g Fett
11 g Kohlenhydrate

- Einweichzeit für die Bohnen: etwa 12 Stunden
- Zubereitungszeit: etwa 2 1/2 Stunden (davon etwa 1 Stunde Marinierzeit)

1. Die Bohnen über Nacht in Wasser einweichen.

2. Die Bohnen in einem Sieb kalt abspülen und in einem Topf mit kaltem Wasser bedeckt (ohne Salz) zum Kochen bringen. Den Schaum abschöpfen und offen etwa 15 Minuten kochen. Dann zugedeckt bei schwacher Hitze in weiteren 30–45 Minuten garen, die Bohnen aber nicht zu weich kochen.

3. Die Bohnen in ein Sieb abgießen, in eine Schüssel geben und abkühlen lassen. Aus dem Olivenöl, dem Weinessig, Salz und Pfeffer eine Marinade rühren und unter die lauwarmen Bohnen mischen. Zugedeckt etwa 1 Stunde ziehen lassen.

4. Die Bohnen nochmals würzen, die Frühlingszwiebeln waschen, putzen und in Ringe schneiden. Die Peperoni halbieren, die Stielansätze abschneiden, entkernen, gut ausspülen und in Streifchen schneiden. Die Petersilie abspülen, trockenschütteln und ohne die groben Stiele fein hacken. Alles mit den Oliven unter die Bohnen mischen, mit dem Oregano bestreuen.

Bild oben: Griechischer Bauernsalat
Bild unten: Salat aus weißen Bohnen

Käsedreiecke

Tiropitákia

Zutaten für etwa 28 Stück:
etwa 300 g (4 Blätter) Filloteig
100 g Schafkäse
50 g Kasar-Käse oder Greyerzer, frisch gerieben
1 Bund Petersilie
1/2 Bund Dill
1 Ei
1 Eßl. Olivenöl
Pfeffer, frisch gemahlen
1 Prise Cayennepfeffer
70 g Butter
4–5 Eßl. Milch
Butter für das Backblech

Für Gäste • Raffiniert

Bei 28 Stück pro Stück etwa:
420 kJ/100 kcal
3 g Eiweiß · 8 g Fett
4 g Kohlenhydrate

- Zubereitungszeit: etwa 50 Minuten

1. 4 Filloteig-Blätter auf die Arbeitsfläche legen, mit etwas Wasser besprenkeln, mit einem feuchten Küchentuch abdecken und ruhen lassen. Den Käse und die Kräuter kleinschneiden, mit dem Ei, dem Öl und den Gewürzen mischen.

2. Den Teig in etwa 7 x 20 cm große Streifen schneiden. Die weiche Butter mit der Milch verrühren, den Teig damit bepinseln. Den Backofen auf 200° vorheizen.

3. Auf das untere Ende der Streifen jeweils 1 Teelöffel von der Füllung geben und jeweils 2 Teigstreifen zum Dreieck falten, hochklappen und zum Dreieck aufwickeln. Dann die darunterliegenden 2 Teigstreifen genauso verarbeiten.

4. Auf ein gefettetes Backblech legen, mit der Milch-Butter-Mischung bepinseln und im Backofen (Mitte) in etwa 10 Minuten backen.

Gefüllte Weinblätter

Dolmadákia laderá

Zutaten für 6 Personen:
Salz
300 g frische oder eingelegte Weinblätter (griechisches Spezialgeschäft)
1/8 l Olivenöl
2 mittelgroße Zwiebeln
200 g Langkornreis
4 Eßl. Pinienkerne
4 Eßl. kleine Korinthen
1/2 Bund glatte Petersilie
1/2 Bund Dill
1 Eßl. frisch gehackte Minze
Pfeffer, frisch gemahlen
1 Messerspitze Pimentpulver
Saft von 1 Zitrone

Braucht etwas Zeit

Pro Portion etwa:
3000 kJ/710 kcal
9 g Eiweiß · 47 g Fett
67 g Kohlenhydrate

- Zubereitungszeit: etwa 2 Stunden 20 Minuten

1. Die frischen Weinblätter entstielen und etwa 10 Minuten in einem großen Topf mit kochendem Salzwasser garen, eingelegte Weinblätter abspülen und 5–10 Minuten garen, herausnehmen und abtropfen lassen.

2. Die Hälfte des Olivenöls in einer Kasserolle erhitzen. Die Zwiebeln fein reiben und im Olivenöl glasig dünsten. Den Reis mit den Pinienkernen dazugeben, anrösten, mit 3/8 l Wasser aufgießen, aufkochen. Bei schwacher Hitze weiterköcheln, die Korinthen dazugeben.

3. Die Petersilie und den Dill hacken. Mit der Minze, Salz, Pfeffer und dem Piment unter den Reis mischen und zugedeckt etwa 10 Minuten garen.

4. Die Weinblätter nebeneinander mit der glatten Seite nach unten auf die Arbeitsfläche legen. Jeweils 1 Teelöffel von der Füllung daraufgeben, erst die breite Blattseite mit dem Stielansatz, dann die beiden Seiten überklappen und das Blatt aufrollen. Die Röllchen nebeneinander in mehreren Schichten mit der Blattspitze nach unten in eine breite Kasserolle legen und mit einem Teller beschweren. Das restliche Olivenöl, den Zitronensaft und so viel heißes Wasser angießen, daß die Röllchen gerade bedeckt sind. Bei schwacher Hitze etwa 1 Stunde garen. Im Topf erkalten lassen.

Im Bild oben: Gefüllte Weinblätter
Im Bild unten: Käsedreiecke

Zucchinipuffer

Kolokithokeftédes

Zutaten für 12 Puffer:
700 g Zucchini
Salz
1 mittelgroße Zwiebel
20 g Butter
1 Bund Petersilie
2 Eier
1 Teel. feingehackte Minze oder Dill
120 g Paniermehl
100 g Kasséri-Käse oder Emmentaler, frisch gerieben
Pfeffer, frisch gemahlen
etwas Mehl
etwa 8–10 Eßl. Oliven- oder Sonnenblumenöl zum Ausbacken

Vegetarisch

Bei 12 Puffern pro Stück etwa:
960 kJ/230 kcal
6 g Eiweiß · 18 g Fett
11 g Kohlenhydrate

- Zubereitungszeit: etwa 1 Stunde

1. Die Zucchini waschen, die Stiel- und Blütenansätze entfernen und in Scheiben schneiden. In Salzwasser in etwa 10 Minuten garen.

2. Die Zucchini gut abtropfen lassen und pürieren, dann in eine Schüssel geben.

3. Die Zwiebel zu den Zucchini reiben. Die Butter zerlassen. Die Petersilie waschen, trockenschütteln und ohne die groben Stiele fein hacken.

4. Die Eier, die zerlassene Butter, die Kräuter, das Paniermehl und den Käse unter die Zucchini rühren, mit Salz und Pfeffer abschmecken. Die Mischung etwa 5 Minuten stehen lassen.

5. Die Hände leicht einölen und aus jeweils 1 Eßlöffel von der Zucchinimasse etwa 1 cm dicke Puffer formen. Etwas Mehl auf einen Teller geben. Die Puffer leicht darin wenden.

6. Das Öl in einer Pfanne erhitzen und die Puffer nacheinander im heißen Öl von beiden Seiten in etwa 2–3 Minuten goldgelb backen. Aus der Pfanne nehmen und die Puffer auf Küchenpapier entfetten.

Gebratene Auberginenscheiben

Melitsánes tiganités

Zutaten für 4 Personen:
4 mittelgroße Auberginen
Salz
etwas Mehl zum Wenden
Olivenöl zum Ausbacken
4 Knoblauchzehen
125 g geschälte Mandeln
4 Scheiben altbackenes Weißbrot
6 Eßl. Oliven- oder Sonnenblumenöl
2–3 Eßl. Zitronensaft oder Weißweinessig

Vegetarisch

Pro Portion etwa:
3500 kJ/830 kcal
12 g Eiweiß · 72 g Fett
35 g Kohlenhydrate

- Zubereitungszeit: etwa 1 Stunde

1. Die Auberginen abspülen, die Stielansätze entfernen und längs in dünne Scheiben schneiden. Etwa 1/2 Stunde in Salzwasser legen, zwischen Küchenpapier trocknen.

2. Etwas Mehl auf einen flachen Teller sieben und jede Auberginenscheibe von beiden Seiten hineindrücken, loses Mehl abschütteln.

3. In einer Pfanne reichlich Olivenöl erhitzen und die Auberginen portionsweise von beiden Seiten jeweils etwa 4 Minuten darin goldbraun braten. Herausnehmen und auf Küchenpapier entfetten.

4. Für die Sauce die Knoblauchzehen mit den Mandeln zerkleinern. Das Brot kurz in Wasser einweichen, ausdrükken, aber nicht zu sehr, denn die Sauce soll eine breiartige Konsistenz erhalten. Das Brot mit den Mandeln und dem Knoblauch am besten mit dem Pürierstab durcharbeiten oder verrühren. Nach und nach das Olivenöl, den Zitronensaft oder den Essig unterrühren und mit Salz abschmecken.

5. Die gebratenen Auberginenscheiben auf einen Teller legen und mit der Sauce servieren.

Im Bild links: Zucchinipuffer
Im Bild rechts: Gebratene Auberginenscheiben

Spinatpastete

Spanakópitta

Gemüse bereiten die Griechen mit viel Phantasie zu, das gilt auch für den Spinat. So köstlich in dünnem Teig verpackt und gebacken schmeckt er wirklich unwiderstehlich.

Zutaten für 4 Personen (für eine Springform von 28–30 cm Ø):
1 kg Spinat
1 Kopfsalat
1 Bund Frühlingszwiebeln
4 Eßl. Olivenöl
1 Bund Dill
1 Bund glatte Petersilie
2 Eier
Salz
Pfeffer, frisch gemahlen
1 Prise gemahlener Anis
150 g Schafkäse
etwa 300 g (5 Blätter) Filloteig (ersatzweise tiefgefrorener Blätterteig, aufgetaut)
50 g Butter
1/8 l Milch
1 Eigelb
Fett für die Form

Braucht etwas Zeit

Pro Portion etwa:
4400 kJ/1000 kcal
25 g Eiweiß · 82 g Fett
49 g Kohlenhydrate

- Zubereitungszeit: etwa 2 Stunden

1. Den Spinat waschen, die groben Stiele entfernen. Den Kopfsalat putzen und waschen, die Blätter grob zerschneiden.

2. Den Spinat und die Kopfsalatblätter tropfnaß in einen großen Topf geben und bei starker Hitze zugedeckt in etwa 5 Minuten zusammenfallen lassen. Zwischendurch das Gemüse wenden, dann in ein Sieb abgießen.

3. Die Frühlingszwiebeln putzen, mit dem zarten Grün in Ringe schneiden. In einer Pfanne das Olivenöl erhitzen und die Frühlingszwiebeln darin glasig werden lassen. Den Spinat und den Kopfsalat ausdrükken, kleinhacken und 5–7 Minuten mitgaren, dann die Pfanne von der Kochstelle nehmen.

4. Den Dill und die Petersilie abspülen, trockenschütteln und ohne die groben Stiele fein hacken. Mit den Eiern, Salz, Pfeffer und dem Anis unter das leicht abgekühlte Gemüse mischen. Den Schafkäse zerbrökkeln und vorsichtig unterheben.

5. Die Teigblätter nebeneinander auf die Arbeitsfläche legen. Das erste Teigblatt mit Wasser besprenkeln. Die Springform ausfetten. Das angefeuchtete Teigblatt hineinlegen, die Ränder überhängen lassen. Die Butter mit der Milch erwärmen. Das Teigblatt mit einem Teil davon gut bepinseln.

6. Das zweite Teigblatt mit Wasser besprenkeln, halbieren und zuerst die eine, dann die andere Hälfte auf das erste Blatt auf dem Boden der Form legen. Beide Hälften jeweils mit der Milch-Butter-Mischung bepinseln. Mit dem dritten Teigblatt genauso verfahren, dabei die Hälften immer kreuz und quer legen.

7. Die Füllung in die Form geben, überhängende Teigränder darüber klappen, mit der Milch-Butter-Mischung bepinseln. Die übrigen beiden Teigblätter halbieren, mit Wasser besprenkeln und die Pastete damit abdekken. Jedes Teigblatt jeweils mit der Milch-Butter-Mischung bepinseln, überhängende Ränder abschneiden.

8. Den Backofen auf 200° vorheizen. Die Pastete in etwa 7 x 7 cm große Quadrate schneiden. Die Oberfläche mit der restlichen Milch-Butter-Mischung bepinseln. Das Eigelb verquirlen und die Oberfläche der Pastete damit bestreichen. Die Pastete im Backofen (Mitte) in etwa 35 Minuten goldgelb backen.

Tip!

Wenn Sie die Pastete mit Blätterteig zubereiten möchten, legen Sie für das untere, größere Teigblatt 3 aufgetaute Blätterteigplatten aufeinander und rollen sie in der gewünschten Größe (etwas größer als die Form) aus. Für die weiteren Blätter rollen Sie jeweils 2 Blätterteigplatten in Formgröße aus.
Übrigens: Wer es noch herzhafter mag, füllt die Pastete mit angebratenem Hackfleisch und Zwiebeln und würzt kräftig.

Kichererbsensuppe

Revíthia súpa

Zutaten für 4 Personen:
250 g Kichererbsen
1 mittelgroße Zwiebel
1 Möhre
5 Eßl. Olivenöl
Salz
Pfeffer, frisch gemahlen
Saft von 1 Zitrone

Braucht etwas Zeit

Pro Portion etwa:
1800 kJ/430 kcal
13 g Eiweiß · 27 g Fett
35 g Kohlenhydrate

- Einweichzeit für die Kichererbsen: etwa 12 Stunden
- Zubereitungszeit: etwa 2 Stunden

1. Die Kichererbsen in Wasser über Nacht einweichen. Dann in ein Sieb schütten und abtropfen lassen. Die Kichererbsen zwischen den Händen reiben, damit sich die Häutchen lösen.

2. In einem Topf 1 1/2 l Wasser zum Kochen bringen, die Kichererbsen hineingeben und kurz aufkochen, den Schaum abschöpfen, dann zugedeckt etwa 1 Stunde kochen.

3. Die Zwiebel und die Möhre putzen, die Möhre klein würfeln und die Zwiebel sehr fein hacken. Mit dem Olivenöl in die Suppe geben. Dann die Suppe in etwa 30 Minuten fertig garen.

4. Die Suppe mit Salz und Pfeffer abschmecken und nach Geschmack den Zitronensaft unterrühren. Dazu passen Fladenbrot, sauer eingelegtes Gemüse und Oliven.

Zitronensuppe mit Huhn

Kotósupa awgolémono

Zutaten für 6 Personen:
1 küchenfertiges Suppenhuhn
(etwa 1,2 kg)
Salz
3 Möhren
1 Stange Lauch
1 Stange Staudensellerie
1 Zwiebel
60 g Langkornreis
Pfeffer, frisch gemahlen
2 Eier
Saft von 1 Zitrone

Raffiniert

Pro Portion etwa:
3800 kJ/900 kcal
62 g Eiweiß · 65 g Fett
20 g Kohlenhydrate

- Zubereitungszeit: etwa 2 1/2 Stunden

1. Das ausgenommene Suppenhuhn innen und außen abspülen und dicke Fettschichten abschneiden. Das Huhn in einen großen Suppentopf legen, mit 1 Teelöffel Salz bestreuen und mit Wasser bedecken.

2. Das Wasser mit dem Huhn zum Kochen bringen, abschäumen und bei mittlerer Hitze etwa 1 Stunde garen. Die Möhren schälen, halbieren und in Scheibchen schneiden. Den Lauch putzen, längs aufschlitzen, gründlich ausspülen und in Halbringe schneiden. Den Staudensellerie putzen, waschen und in Stückchen schneiden. Die Zwiebel würfeln.

3. Nach etwa 1 Stunde Garzeit das Gemüse zum Huhn in den Topf geben und alles etwa 30 Minuten kochen lassen, bis das Hühnerfleisch gar ist. (Dann läßt sich ein Flügel leicht lösen.) Das Huhn aus der Brühe heben und abkühlen lassen.

4. Den Reis in die Brühe geben und in etwa 20 Minuten garen. Mit Salz und Pfeffer abschmecken.

5. Das Hühnerfleisch von den Knochen lösen und in mundgerechte Stücke schneiden.

6. Den Topf mit dem Reis von der Kochstelle nehmen. 2 Suppenkellen davon in einen Rührbecher geben. Die Eier verquirlen und durch ein Sieb in die abgenommene Suppe rühren, nach und nach den Zitronensaft untermischen. Dann in die Suppe einrühren. Das Hühnerfleisch hineingeben und alles nochmals unter Rühren erwärmen, aber nicht kochen, damit das Ei nicht gerinnt.

Im Bild oben: Kichererbsensuppe
Im Bild unten:
Zitronensuppe mit Huhn

Palamut im Gemüsebett

Palámitha plaki

Zutaten für 4 Personen:
1 kg Palamutsteak (ersatzweise Kabeljau- oder Schellfischfilet)
2 Zwiebeln
3 Kartoffeln
2 Möhren
3 Tomaten
2 Stangen Staudensellerie
2 Knoblauchzehen
1/8 l Olivenöl
1/4 l trockener Weißwein
Salz
Pfeffer, frisch gemahlen
1 Bund glatte Petersilie
Saft von 1/2 Zitrone
1 Zitrone

Für Gäste

Pro Portion etwa:
2500 kJ/600 kcal
47 g Eiweiß · 33 g Fett
18 g Kohlenhydrate

- Zubereitungszeit: etwa 1 1/4 Stunden

1. Das Fischfilet abspülen, mit Küchenpapier trockentupfen und in 4 Portionsstücke schneiden.

2. Die Zwiebeln schälen und fein würfeln. Die Kartoffeln schälen, in Scheiben oder Würfel schneiden. Die Möhren schälen und würfeln. Die Tomaten mit kochendem Wasser überbrühen, kurz darin ziehen lassen, häuten, klein würfeln, dabei die Stielansätze entfernen. Den Staudensellerie abspülen, putzen und in Scheiben schneiden, die Knoblauchzehen schälen und in feine Scheibchen schneiden.

3. Das Olivenöl in einem großen Topf erhitzen. Die Zwiebelwürfel darin glasig werden lassen. Das übrige Gemüse und die Knoblauchscheibchen dazugeben und alles kurz durchschmoren. Dann den Weißwein und 1/4 l Wasser angießen, mit Salz und Pfeffer würzen und zugedeckt etwa 10 Minuten bei schwacher Hitze garen.

4. Die Petersilie abspülen, trockenschütteln und ohne die groben Stiele fein hacken. Den Fisch auf dem Gemüse verteilen, die Petersilie darüber streuen und alles mit dem Zitronensaft beträufeln.

5. Den Fisch 15–20 Minuten auf dem Gemüse zugedeckt garen, bis er weich ist.

6. Eine große Servierplatte vorwärmen. Dann den Fisch auf die Platte legen und das Gemüse um den Fisch herum anordnen. Die Zitrone in Achtel schneiden und den Fisch damit garnieren.
Dazu paßt Fladenbrot oder Weißbrot.

Variante:

Gebackener Fisch mit Oliven

Psári plaki me elíes

Die Fischstücke in eine gefettete feuerfeste Form legen und mit Salz und Pfeffer würzen. Die Gemüse wie im Rezept beschrieben vorbereiten und mit dem Olivenöl und den in Scheibchen geschnittenen Knoblauchzehen über dem Fisch verteilen. Mit Salz und Pfeffer würzen. Im Backofen (Mitte) bei 180° in 35–40 Minuten garen. Kurz vor Ende der Garzeit 10–12 entsteinte schwarze Oliven über das Gericht streuen.

Palamut ist ein Verwandter der Makrele. Sein Fleisch ist sehr fest und schmeckt besonders gut.

Fischauflauf

Psári fúrno spetsióta

Dieses Gericht können Sie gut für viele Gäste vorbereiten, denn statt in der Kasserolle lassen sich die Fischfilets auch nebeneinander auf einem Backblech garen. Dann reduziert sich die Garzeit im Ofen auf etwa 20 Minuten.

Zutaten für 4 Personen:

4 Rotbarsch- oder Seelachsfilets
(je etwa 200 g)
Saft von 1 Zitrone
Salz
Pfeffer, frisch gemahlen
1 Bund Frühlingszwiebeln
2 Knoblauchzehen
500 g Tomaten
6 Eßl. Olivenöl
1 Prise Zucker
3 Lorbeerblätter
1/4 l trockener Weißwein
1 Bund glatte Petersilie
6 Eßl. Paniermehl
50 g Butter
Butter für die Form

Gelingt leicht
Für Gäste

Pro Portion etwa:
2900 kJ/690 kcal
43 g Eiweiß · 40 g Fett
30 g Kohlenhydrate

- Zubereitungszeit: etwa 1 1/2 Stunden

1. Die Fischfilets abspülen, mit Küchenpapier trockentupfen. Eine feuerfeste Form ausfetten, die Fischfilets hineinlegen und mit dem Zitronensaft beträufeln. Mit Salz und Pfeffer würzen.

2. Die Frühlingszwiebeln abspülen, putzen und mit dem zarten Grün kleinschneiden. Die Knoblauchzehen schälen und fein hacken. Die Tomaten kochendheiß überbrühen und häuten. 2 Tomaten beiseite legen, die übrigen würfeln, dabei die Stielansätze entfernen.

3. Das Olivenöl erhitzen, die Frühlingszwiebeln und den Knoblauch andünsten, die Tomaten, den Zucker und die Lorbeerblätter dazugeben, den Wein angießen, etwa 5 Minuten köcheln, mit Salz und Pfeffer würzen. Die Petersilie hacken und unterrühren. Die Sauce auf dem Fisch verteilen, das Paniermehl darüber streuen.

4. Den Backofen auf 175° vorheizen. Die beiseite gelegten Tomaten in Scheiben schneiden und auf den Fisch legen. Die Butter in Flöckchen darauf setzen. Das Gericht im Backofen (Mitte) in etwa 30 Minuten garen. Dann bei 225° in etwa 10 Minuten überbacken.

Garnelen mit Schafkäse

Garídes mé féta

Garnelen sind eine Kostbarkeit – auch im Mittelmeerraum. Diese delikate Vorspeise kommt in Portionsförmchen gebacken auf den Tisch.

Zutaten für 4 Personen:
4 Schalotten
4 Tomaten
2 lange, milde Peperoni
60 g Butter
1/4 l trockener Weißwein
2 Lorbeerblätter
Salz
Pfeffer, frisch gemahlen
300 g küchenfertige Garnelen, gegart
150 g Schafkäse
etwas Butter für die Förmchen

Etwas teurer • Raffiniert

Pro Portion etwa:
1500 kJ/360 kcal
20 g Eiweiß · 24 g Fett
5 g Kohlenhydrate

• Zubereitungszeit: etwa 1 Stunde

1. Die Schalotten schälen und fein hacken. Die Tomaten kochendheiß überbrühen, häuten, klein würfeln, dabei die Stielansätze entfernen. Die Peperoni halbieren, die Stiele und Kerne entfernen, gründlich ausspülen und in Streifchen schneiden.

2. Die Hälfte von der Butter erhitzen, die Tomaten mit den gehackten Schalotten und den Peperonistreifen darin andünsten. Den Weißwein und die Lorbeerblätter dazugeben, mit Salz und Pfeffer würzen und etwa 10 Minuten bei schwacher Hitze köcheln.

3. Die Garnelen abspülen und gut abtropfen lassen, unter die Zutaten in der Kasserolle mischen. 4 feuerfeste Förmchen ausfetten, die Garnelen-Gemüse-Mischung in die Förmchen verteilen und auf jedes etwas von dem Schafkäse bröckeln. Die restliche Butter in Flöckchen darauf setzen.

4. Das Gericht im Backofen (Mitte) bei 200° in etwa 25 Minuten goldgelb überbacken. Mit frischem Fladen- oder Weißbrot servieren.

Tip!

Sie können für dieses Gericht auch gegarte, abgespülte Krabben aus dem Glas nehmen.

Lammfleischspieße

Suvlákia arniú

Lammspieße in Kräutermarinade eingelegt schmecken köstlich. Sie können die Spieße statt unter dem Grill übrigens auch in der Pfanne garen.

Zutaten für 4 Personen:
500 g mageres Lammfleisch aus der Keule
Salz
Pfeffer, frisch gemahlen
1 Eßl. frischer Oregano (oder 1 Teel. getrockneter Oregano)
1 Teel. Paprikapulver, edelsüß
1 Prise Pimentpulver
1 Prise gemahlener Kreuzkümmel
4 Eßl. Olivenöl
1 Zitrone

Schnell • Gelingt leicht

Pro Portion etwa:
2200 kJ/520 kcal
23 g Eiweiß · 47 g Fett
2 g Kohlenhydrate

- Zubereitungszeit: etwa 40 Minuten

1. Das Lammfleisch in etwa 2 cm große Würfel schneiden. In einer Schüssel die Gewürze mit dem Olivenöl verrühren, das Fleisch dazugeben und mindestens 30 Minuten ziehen lassen.

2. Das Fleisch aus der Marinade nehmen und entweder auf 4 große oder 8 kleine Spieße schieben. Die Fleischspießchen unter dem Grill oder in der Pfanne von jeder Seite 4–5 Minuten grillen oder braten.

Variante:
Spieße mit Paprika und Zwiebeln
Paprikaschoten und Zwiebeln in Würfel schneiden und abwechselnd mit den marinierten Lammfleischstücken auf die Spieße schieben.

Fleischbällchen

Keftédes

Zutaten für 6 Personen:
4 Scheiben altbackenes Weißbrot (etwa 120 g)
800 g Hackfleisch (möglichst zweimal durchgedreht)
2 mittelgroße Zwiebeln
1 Bund glatte Petersilie
2 Teel. frische Minze (oder 1 Teel. getrocknete Minze)
Salz
Pfeffer, frisch gemahlen
2 Eßl. Ouzo (ersatzweise Zitronensaft)
1 gehäufter Eßl. Kefalotiri-Käse oder Parmesan, frisch gerieben
2 Eier
Mehl zum Wenden
Olivenöl zum Ausbacken

Preiswert

Pro Portion etwa:
2600 kJ/620 kcal
34 g Eiweiß · 47 g Fett
16 g Kohlenhydrate

- Zubereitungszeit: etwa 1 Stunde

1. Das Weißbrot entrinden und in einer Schüssel in lauwarmem Wasser kurz einweichen. Das Hackfleisch in eine Schüssel geben. Die Zwiebeln zum Hackfleisch reiben. Das Brot gut ausdrücken und ebenfalls dazugeben. Die Petersilie und die frische Minze abspülen, trockenschütteln und ohne die groben Stiele fein hacken. Beides mit Salz, reichlich Pfeffer, dem Ouzo, dem Käse und den Eiern zum Fleisch geben.

2. Die Hackfleisch-Mischung so lange kneten, bis ein glatter, gleichmäßiger Teig entstanden ist. Dann abschmecken und zugedeckt etwa 30 Minuten beiseite stellen.

3. Jeweils 1 Teelöffel von der Fleischmasse abnehmen und mit angefeuchteten Händen 60–70 walnußgroße Bällchen formen.

4. In eine Rührschüssel 2 Eßlöffel Mehl sieben. 3–4 Hackfleischbällchen hineingeben und in der Schüssel schwenken, so daß sie von allen Seiten bemehlt sind. Die Bällchen herausnehmen, das lose Mehl abschütteln. Mit den anderen Bällchen genauso verfahren. Nach Bedarf noch mehr Mehl in die Schüssel sieben.

5. Reichlich Olivenöl in einer Pfanne erhitzen und die Hackfleischbällchen darin portionsweise von allen Seiten braten, auf Küchenpapier abkühlen lassen und als Vorspeise servieren.

Lammfleischspieße und Fleischbällchen schmecken zu jeder Gelegenheit

Lammkoteletts vom Grill

Kotelétes arnioú skáras

Lassen Sie sich die Koteletts für dieses Gericht am besten vom türkischen oder griechischen Metzger als »Stielkoteletts« zuschneiden. Dann bleibt der Knochen in seiner ganzen Länge am Fleisch und das Fett wird entfernt, so daß ein sauberer »Stiel« entsteht, an dem das Kotelett beim Abnagen festgehalten werden kann.

Zutaten für 4 Personen:
8–12 Lammkoteletts
5 Eßl. Olivenöl
Saft von 1/2 Zitrone
Salz
Pfeffer, frisch gemahlen
1 Teel. getrockneter Oregano

Schnell • Gelingt leicht

Pro Portion etwa:
3900 kJ/930 kcal
30 g Eiweiß · 89 g Fett
1 g Kohlenhydrate

- Zubereitungszeit: etwa 40 Minuten

1. Die Koteletts abspülen und trockentupfen. Das Olivenöl mit dem Zitronensaft, Salz, Pfeffer und dem Oregano zur Marinade verrühren und damit die Koteletts bepinseln.

2. Die Koteletts auf dem Holzkohlen- oder unter dem Elektrogrill von beiden Seiten etwa 5–7 Minuten grillen. Zwischendurch mit der restlichen Marinade bepinseln.

3. Die Koteletts mit Zitronenachteln servieren. Dazu passen Reis oder fritierte Kartoffeln, Tzatzíki und Salat.

Lammkeule aus dem Ofen

Arní sto fúrno

Auf die einfachste Art zubereitet, im Ofen zusammen mit Kartoffeln gegart, schmeckt Lamm am besten.

Zutaten für 4–5 Personen:
1 Lammkeule (etwa 1 1/2–2 kg)
Saft von 1 Zitrone
Salz
Pfeffer, frisch gemahlen
2–3 Knoblauchzehen
1 kg Kartoffeln (festkochende Sorte)
125 g Butter

Braucht etwas Zeit

Bei 4 Personen pro Portion etwa:
6700 kJ/1600 kcal
96 g Eiweiß · 120 g Fett
43 g Kohlenhydrate

- Zubereitungszeit: etwa 2 1/2 Stunden

1. Von der Lammkeule das Fett bis auf eine hauchdünne Schicht abschneiden. Dann die Lammkeule gründlich abspülen und mit Küchenpapier trockentupfen. Die Lammkeule mit wenig Zitronensaft, Salz und Pfeffer von allen Seiten einreiben.

2. Die Knoblauchzehen schälen und in Stifte schneiden. Mit einem spitzen Messer kleine Einschnitte im Fleisch der Lammkeule anbringen und die Knoblauchstifte hineinstecken.

3. Den Backofen auf 180° vorheizen.

4. Die Lammkeule in die Fettpfanne des Backofens legen.

5. Die Kartoffeln schälen, große vierteln, kleinere halbieren und um die Lammkeule herumlegen. Mit Salz und Pfeffer bestreuen und mit dem restlichen Zitronensaft beträufeln.

6. Die Butter in einem kleinen Topf zerlassen und über die Lammkeule und die Kartoffeln gießen, dazu noch 1 Tasse heißes Wasser in die Fettpfanne geben.

7. Die Lammkeule und die Kartoffeln etwa 1 Stunde garen. Zwischendurch öfters mit der Flüssigkeit aus der Fettpfanne begießen, nach Bedarf noch mehr Wasser dazugeben. Dann die Lammkeule und die Kartoffeln umdrehen und in etwa 1 weiteren Stunde fertiggaren. Dazu passen grünes Bohnengemüse und ein griechischer Rotwein.

Im Bild oben:
Lammkeule aus dem Ofen
Im Bild unten: Lammkoteletts vom Grill

Kalbfleischragout
Stifádo

Zutaten für 4 Personen:
800 g Kalbfleisch (Schulter, Nacken)
800 g Schalotten
3 Knoblauchzehen
6 Eßl. Olivenöl
2 Fleischtomaten
1 Zimtstange
2 Lorbeerblätter
1 Prise Muskatnuß, frisch gerieben
1/4 l Rotwein
1 Eßl. Rotweinessig
Salz
Pfeffer, frisch gemahlen

Raffiniert

Pro Portion etwa:
2300 kJ/550 kcal
45 g Eiweiß · 28 g Fett
18 g Kohlenhydrate

- Zubereitungszeit: etwa 2 Stunden

1. Das Kalbfleisch in Würfel schneiden. Die Schalotten und die Knoblauchzehen schälen und in Scheibchen schneiden, die Zwiebeln ganz lassen.

2. In einem Schmortopf das Olivenöl erhitzen und das Fleisch portionsweise darin anbraten, herausnehmen und beiseite stellen.

3. Im verbliebenen Bratfett die Schalotten und den Knoblauch kurz anbraten. Die Fleischtomaten häuten, klein würfeln, dabei die Stielansätze und die Kerne entfernen und zu den Zwiebeln geben.

4. Das Kalbfleisch zurück in den Topf geben und die Gewürze, den Rotwein und den Essig dazugeben, alles verrühren, salzen und pfeffern.

5. Das Kalbfleisch zugedeckt etwa 1 1/2 Stunden bei schwacher Hitze schmoren. Wenn zuviel Wasser verdampft, eventuell noch etwas heißes Wasser nachgießen. Mit Salz und Pfeffer abschmecken und servieren. Dazu paßt Reis mit Reisnudeln.

Lammfleisch mit Nudeln
Arní mé kritharáki giouvétsi

Zutaten für 4 Personen:
700 g Lammfleisch aus der Keule
40 g Butter
3 Fleischtomaten
1 Eßl. Tomatenmark
Salz
Pfeffer, frisch gemahlen
1 Teel. Paprikapulver, edelsüß
3/4 l gekörnte Brühe (Instant)
200 g Reisnudeln (griechisches Spezialgeschäft, ersatzweise kleingebrochene Spaghetti aus Hartweizengrieß)
100 g Kasséri-Käse oder Greyerzer, frisch gerieben

Gelingt leicht

Pro Portion etwa:
4700 kJ/1100 kcal
91 g Eiweiß · 65 g Fett
46 g Kohlenhydrate

- Zubereitungszeit: etwa 2 Stunden

1. Das Lammfleisch in 2–3 cm große Würfel schneiden. Die Butter erhitzen und die Lammfleischwürfel darin anbraten.

2. Die Fleischtomaten häuten und kleinschneiden, dabei die Stielansätze und die Kerne entfernen, zum Lammfleisch geben und kurz mitschmoren. Den Backofen auf 225° vorheizen.

3. Alles in eine feuerfeste Form geben. Das Tomatenmark in einer Tasse mit etwas Wasser verrühren und dazugießen. Das Fleisch mit Salz, reichlich Pfeffer und dem Paprikapulver würzen.

4. Das Fleisch im Backofen (Mitte) etwa 1 Stunde offen garen. Dann die Brühe dazugießen und die Reisnudeln dazugeben. Das Gericht in etwa 30 Minuten fertiggaren, zwischendurch umrühren und eventuell noch etwas Brühe dazugießen. Mit dem Käse bestreuen und servieren.
Dazu passen frisches Fladen- oder Weißbrot, ein grüner Salat und ein Bier.

Bild oben: Kalbfleischragout
Bild unten: Lammfleisch mit Nudeln

Schweinefleisch mit Zitronensauce

Chirinó awgolémono

Schmeckt auch mit Lauch oder Staudensellerie sehr gut.

Zutaten für 4 Personen:
700 g Schweinegulasch
2 mittelgroße Zwiebeln
40 g Butter oder Butterschmalz
1 Bund glatte Petersilie
1 gestrichener Eßl. Mehl
1/4 l trockener Weißwein
Salz
Pfeffer, frisch gemahlen
1 Knollensellerie (etwa 700 g)
2 Eier
4 Eßl. Zitronensaft

Gelingt leicht
Für Gäste

Pro Portion etwa:
2400 kJ/570 kcal
41 g Eiweiß · 33 g Fett
16 g Kohlenhydrate

- Zubereitungszeit: etwa 2 Stunden

1. Von den Fleischwürfeln Sehnen und Fettstückchen abschneiden. Die Zwiebeln schälen und fein würfeln.

2. In einem größeren Schmortopf die Butter oder das Butterschmalz erhitzen und das Schweinefleisch portionsweise anbraten. Dann das gesamte angebratene Fleisch wieder in den Topf geben, die gehackten Zwiebeln dazugeben und andünsten.

3. Die Petersilie abspülen, trockenschütteln und ohne die groben Stiele fein hacken.

4. Das Mehl über das Fleisch stäuben und unterrühren. Die Hälfte der gehackten Petersilie darüber streuen und den Weißwein und 3/8 l Wasser dazugießen. Unter ständigem Rühren aufkochen und mit Salz und Pfeffer würzen. Zugedeckt bei schwacher Hitze etwa 50 Minuten garen. Zwischendurch ab und zu umrühren.

5. Inzwischen den Knollensellerie schälen und in etwa 2 cm dicke Scheiben, dann in Würfel schneiden.

6. Nach etwa 50 Minuten Garzeit die Selleriewürfel unter das Fleisch mischen. Wenn zuviel Flüssigkeit verdampft ist, noch 1/8 l heißes Wasser dazugießen, dann das Gericht etwa 30 Minuten weitergaren.

7. Den Topf von der Kochstelle nehmen und etwas abkühlen lassen. In einer Schüssel die Eier mit dem Zitronensaft gut verquirlen und unter das Ragout rühren. Das Gericht darf nun nicht mehr kochen, da sonst die Sauce gerinnt. Ist sie aber bereits zu stark abgekühlt, nochmals bei schwacher Hitze unter Rühren erwärmen.

8. Das Gericht nochmals mit Salz und Pfeffer abschmecken, mit der restlichen gehackten Petersilie bestreuen und servieren. Dazu paßt frisches Weißbrot.

Variante:
Schweinefleisch mit Lauch und Staudensellerie
Chirinó mé prassosélino

Das Fleisch wie beschrieben anbraten und garen, dann 500 g Lauch und 500 g Staudensellerie kleinschneiden, statt dem Knollensellerie zum Fleisch geben und alles noch einmal etwa 45 Minuten garen – das Gemüse soll musig sein. Falls Sie es nicht so typisch griechisch, sondern eher knackiger mögen, reicht eine Garzeit von etwa 20 Minuten für das Gemüse.

Tip!

Die Frauen von Epirus wenden einen Trick an, damit das Fleisch besonders saftig bleibt: Sie kneten einen festen Teig aus Mehl und Wasser, und formen diesen zu einer Rolle, die sie auf den Topfrand legen. Darauf wird fest der Deckel gedrückt, so daß der Topf fest verschlossen ist. (Bei dem hier beschriebenen Rezept muß der Teigrand erneuert werden, wenn das Gemüse zum Fleisch gegeben wird!)

Schweinefleisch mit Zitronensauce schmeckt nach Sonne und Süden.

Huhn mit Zitronen und Basilikum

Kotópoulo lemónato

Zutaten für 4 Personen:
1 küchenfertige Poularde (ohne Innereien etwa 1,2 kg)
40 g Butter oder Butterschmalz
4 Schalotten oder kleine Zwiebeln
2 Möhren (etwa 150 g)
1 Stange Staudensellerie und etwas Blattgrün
1 Bund Basilikum
Salz
Pfeffer, frisch gemahlen
6 Eßl. trockener Weißwein
4 Eßl. Zitronensaft

Für Gäste • Raffiniert

Pro Portion etwa:
3800 kJ/900 kcal
57 g Eiweiß · 69 g Fett
7 g Kohlenhydrate

- Zubereitungszeit: etwa 1 1/2 Stunden

1. Die Poularde abspülen und mit Küchenpapier trockentupfen, dann mit der Geflügelschere in 14 Stücke teilen: zuerst die Flügel abschneiden, dann Beine und Keulen. Entlang dem Rückgrat und durch die Mitte des Brustkorbes schneiden. Dann jede Poulardenhälfte vierteln.

2. In einer Pfanne mit Deckel die Hälfte der Butter erhitzen und alle Poulardenstücke portionsweise darin von allen Seiten schön knusprig anbraten. Die angebratenen Stücke beiseite stellen.

3. Die Schalotten oder die Zwiebeln schälen und würfeln. Die Möhren schälen und in feine Scheibchen schneiden. Den Staudensellerie abspülen, das holzige Ende abschneiden und die Stange in Scheibchen schneiden, das Grün fein hakken.

4. Die restliche Butter oder das Butterschmalz in die Pfanne geben, erhitzen und darin das Gemüse und die Zwiebeln etwa 5 Minuten unter Rühren anschmoren. Die Poulardenteile zwischen das Gemüse legen.

5. Das Basilikum abspülen, trockenschütteln, einige Blättchen zum Garnieren beiseite legen, die übrigen über das Gemüse und die Poulardenteile streuen.

6. Die Poulardenteile und das Gemüse mit Salz und Pfeffer würzen, dann den Weißwein, den Zitronensaft und 1/8 l Wasser dazugießen. Die Pfanne zudecken und alles etwa 40 Minuten bei schwacher Hitze garen. Zwischendurch die Pfanne ein bis zweimal schütteln.

7. Das Huhn in der Schmorpfanne mit den übrigen Basilikumblättchen garniert servieren. Dazu paßt frisches Weißbrot oder Reis mit Reisnudeln (siehe Tip). Als Getränk können Sie einen trockenen griechischen Weißwein dazu reichen.

Tip!

Reisnudeln gibt es im griechischen oder türkischen Laden. In Griechenland werden sie unter den Reis gemischt, das schmeckt köstlich. Für 4 Personen etwa 100 g Reisnudeln in etwas Butter hellbraun rösten, 250 g Langkornreis dazugeben und unter Rühren glasig werden lassen. Mit 3/4 l Wasser aufgießen und mit 1 Teelöffel Salz würzen. Zugedeckt bei schwacher Hitze in 20–25 Minuten garen. Den Deckel abnehmen, den Reis ausdampfen lassen und servieren.

Reis mit Reisnudeln ist eine typische Beilage, die besonders gut zu Huhn mit Zitronen und Basilikum paßt.

Lammfleisch mit Artischocken

Arní mé angináres awgolémono

In Griechenland werden hierfür kleine, wild wachsende Artischocken, die besonders würzig schmecken gesammelt.

Zutaten für 4 Personen:
6 kleine Artischocken
700 g Lammfleisch aus der Keule
Zitronensaft oder Essig
1 Zwiebel
40 g Butter
1 Bund glatte Petersilie
1 Eßl. Mehl
Salz
Pfeffer, frisch gemahlen
6 Eßl. Zitronensaft
2 Eier

Etwas teurer • Raffiniert

Pro Portion etwa:
2500 kJ/600 kcal
36 g Eiweiß · 40 g Fett
20 g Kohlenhydrate

- Zubereitungszeit: etwa 1 Stunde 40 Minuten

Tip!

Für dieses Gericht eignen sich auch statt der frischen Artischocken, Artischockenherzen aus dem Glas. Diese abtropfen lassen und erst 10 Minuten vor Ende der Garzeit zum Lammfleisch in den Topf geben.

1. Die Artischocken abspülen, Stiele und äußere harte Blätter und die Blattspitzen bis zum gelben unteren Teil mit der Küchenschere abschneiden. Die Artischocken halbieren, das Heu mit einem Teelöffel ausschaben. Die Artischocken in einer Schüssel mit Zitronen- oder Essigwasser bedecken.

2. Das Lammfleisch abspülen, mit Küchenpapier trockentupfen und in etwa 3 cm große Würfel schneiden. Die Zwiebel schälen und fein würfeln. Die Butter in einer Kasserolle erhitzen, das Fleisch und die gewürfelte Zwiebel darin hell anbraten. Die Petersilie abspülen, trockenschütteln und ohne die groben Stiele kleinschneiden.

3. Das Mehl über das Fleisch stäuben und unterrühren. So viel warmes Wasser dazugießen, bis das Fleisch knapp bedeckt ist. Unter Rühren aufkochen lassen. Die Petersilie, Salz, Pfeffer und 2 Eßlöffel von dem Zitronensaft unterrühren. Die Artischockenhälften aus dem Wasser heben und auf das Fleisch legen.

4. Das Gericht zugedeckt etwa 45 Minuten bei schwacher Hitze garen, dann von der Kochstelle nehmen und etwas abkühlen lassen. Die Eier in einer Schüssel mit dem restlichen Zitronensaft verquirlen und in die Sauce rühren. Kurz erhitzen, aber nicht mehr kochen lassen. Mit Weißbrot servieren.

Kaninchen in Rahmsauce

Kounéli mé kaímaki

So mancher griechische Sonntagsjäger sorgt dafür, daß dieses feine Gericht möglichst oft auf den Tisch kommt.

Zutaten für 4 Personen:
1 ganzes küchenfertiges Kaninchen oder 2 Kaninchenrücken, vom Händler in Portionsstücke zerteilt
1/2 l Weißwein
40 g Butter
1 mittelgroße Zwiebel
Salz
Pfeffer, frisch gemahlen
2 Lorbeerblätter
2 Gewürznelken
200 g Crème fraîche

Braucht etwas Zeit
Für Gäste

Pro Portion etwa:
3900 kJ/930 kcal
80 g Eiweiß · 57 g Fett
7 g Kohlenhydrate

- Zubereitungszeit: etwa 13 Stunden (davon etwa 12 Stunden Marinierzeit)

1. Die Kaninchenteile abspülen und mit Küchenpapier trockentupfen. In eine Schüssel legen und mit dem Weißwein übergießen. Am besten über Nacht etwa 12 Stunden marinieren.

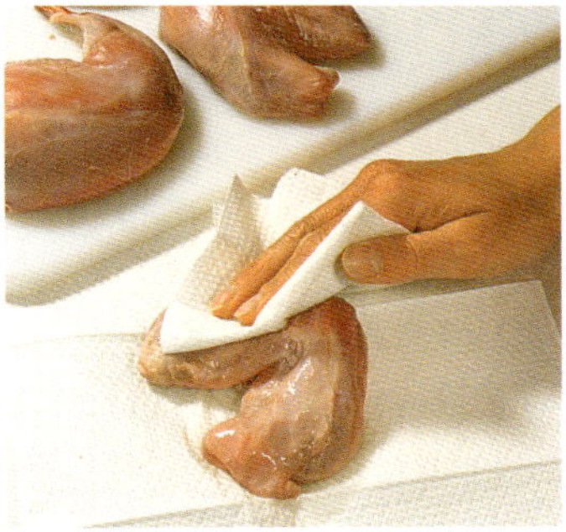

2. Die Kaninchenteile aus dem Wein nehmen, abtropfen lassen und mit Küchenpapier trockentupfen. Die Weißweinmarinade beiseite stellen. In einem Bräter die Butter erhitzen und die Stücke von allen Seiten darin anbraten.

3. Die Zwiebel schälen, fein würfeln, zum Kaninchen geben und glasig werden lassen. Mit der Weißweinmarinade aufgießen, mit Salz und Pfeffer würzen und alles zugedeckt etwa 20 Minuten schmoren.

4. Die Lorbeerblätter und die Gewürznelken dazugeben, die Crème fraîche unterrühren und alles weitere 20 Minuten garen. Mit Salz abschmecken, und das Kaninchen mit Weißbrot servieren. Dazu passen Bandnudeln, in Scheiben geschnittene und in Butter gedünstete Zucchini und ein trockener griechischer Weißwein.

Beefsteaks mit Schafkäse

Biftéki mé tiri

Zutaten für 4 Personen:
500 g mageres Rinderhackfleisch
1 Zwiebel
1/2 Bund glatte Petersilie
1 Teel. getrockneter Oregano
1/2 Teel. Pimentpulver
je 1 Prise gemahlener Kreuzkümmel und Cayennepfeffer
Salz
2 Scheiben altbackenes Weißbrot
2 Eier
150 g Schafkäse
4 Eßl. Olivenöl

Schnell • Raffiniert

Pro Portion etwa:
2900 kJ/690 kcal
39 g Eiweiß · 54 g Fett
11 g Kohlenhydrate

- Zubereitungszeit: etwa 45 Minuten

1. Das Hackfleisch in eine Schüssel geben. Die Zwiebel fein würfeln, die Petersilie fein hacken und mit den Gewürzen zum Fleisch geben.

2. Das Weißbrot kurz in Wasser einweichen, ausdrücken, mit den Eiern zum Fleisch geben und alles gut miteinander verkneten, bis ein geschmeidiger Teig entstanden ist. Das Fleisch, je nach gewünschter Beefsteakgröße, in 4 oder 8 Portionen teilen.

3. Einen Suppenteller kurz mit kaltem Wasser ausspülen. Eine Hackfleischportion in die Vertiefung legen und einen Fladen formen. In die Mitte etwas von dem Schafkäse bröckeln und eine Fladenhälfte vorsichtig überklappen, die Ränder fest andrücken. Auf diese Weise alle Beefsteaks formen.

4. Die Beefsteaks entweder mit dem Olivenöl bepinseln und bei mittlerer Hitze auf jeder Seite 4–6 Minuten grillen, oder in dem Olivenöl in der Pfanne genauso lange braten, bis sie sich auf Druck mit dem Bratenwender fest anfühlen.

Leber in Rotweinsauce

Sikotákia mé saltsa

Zutaten für 4 Personen:
500 g Kalbsleber
1/4 l trockener Rotwein
1 Eßl. Mehl
6 Eßl. Olivenöl
4 Schalotten
1/8 l gekörnte Brühe (Instant)
Salz
Pfeffer, frisch gemahlen
1 Teel. getrockneter Oregano
1/2 Bund glatte Petersilie

Gelingt leicht

Pro Portion etwa:
2200 kJ/520 kcal
33 g Eiweiß · 33 g Fett
13 g Kohlenhydrate

- Zubereitungszeit: etwa 2 Stunden (davon etwa 1 Stunde Marinierzeit)

1. Die Leber von Sehnen und Häutchen befreien, in eine Schüssel legen, mit dem Rotwein begießen und mindestens 1 Stunde marinieren. Dann die Leber herausnehmen und abtropfen lassen. Die Rotweinmarinade beiseite stellen.

2. Die Leber in etwa 1 1/2 cm große Würfel schneiden und von allen Seiten leicht mit Mehl bestäuben.

3. In einer Pfanne 3 Eßlöffel von dem Öl erhitzen und darin die Leber von allen Seiten anbraten. Aus der Pfanne nehmen und auf einem Teller beiseite stellen.

4. Die Schalotten halbieren und in feine Streifen schneiden. Das restliche Olivenöl in die Pfanne geben und darin die Schalotten hellgelb anbraten.

5. Die Rotweinmarinade und die Brühe dazugießen, mit Salz, Pfeffer und dem Oregano würzen. Alles etwa 2 Minuten bei schwacher Hitze kochen lassen. Die Leber dazugeben und unter Rühren 2–3 Minuten köcheln, bis die Sauce dick wird. Die Petersilie fein hacken und über das fertige Gericht streuen.

Im Bild oben: Leber in Rotweinsauce
Im Bild unten:
Beefsteaks mit Schafkäse

Smyrna-Würstchen

Sutsukákia smirnéika

Dieses Gericht stammt aus der ehemals stark griechisch geprägten Stadt Smyrna, dem heutigen türkischen Izmir. Beim Völkeraustausch 1924 brachten umgesiedelte Griechen ihr Rezept ins Mutterland.

Zutaten für 4 Personen:
700 g Hackfleisch (möglichst zweimal durchgedreht)
2 Scheiben altbackenes Weißbrot
1 Ei
1 mittelgroße Zwiebel
2 Knoblauchzehen
1 Bund glatte Petersilie
Salz
Pfeffer, frisch gemahlen
1 Teel. gemahlener Kreuzkümmel
Mehl
6 Eßl. Olivenöl
5 mittelgroße Tomaten (etwa 600 g)
1/8 l Weißwein
1 Prise Zucker

Raffiniert

Pro Portion etwa:
3200 kJ/760 kcal
47 g Eiweiß · 52 g Fett
25 g Kohlenhydrate

- Zubereitungszeit: etwa 1 1/4 Stunden

1. Das Hackfleisch in eine Schüssel geben. Das Weißbrot entrinden und kurz in warmem Wasser einweichen, gut ausdrücken und mit dem Ei zum Fleisch geben. Die Zwiebel schälen und fein auf das Fleisch reiben. Die Knoblauchzehen schälen und durch die Knoblauchpresse dazudrücken. Die Petersilie fein hacken und ebenfalls in die Schüssel geben. Alles mit Salz, Pfeffer und dem Kreuzkümmel herzhaft würzen und zu einem geschmeidigen Teig verkneten.

2. Mit angefeuchteten Händen aus je 1 Eßlöffel Fleisch etwa 24 kleine Würstchen formen.

3. 2–3 Eßlöffel Mehl auf einen Teller sieben. Die gewaschenen, gut abgetrockneten Hände leicht auf das Mehl drücken und die Würstchen zwischen den bemehlten Händen nochmal kurz rollen.

4. In einer Pfanne die Hälfte des Olivenöls erhitzen und die Würstchen von allen Seiten darin hellbraun anbraten. Nebeneinander in eine feuerfeste Form legen.

5. Die Tomaten häuten, halbieren, dabei die Stielansätze und Kerne entfernen, die Tomaten fein hacken. Den Backofen auf 180° vorheizen.

6. Das restliche Olivenöl in der Pfanne erhitzen und die Tomaten darin durchschmoren. Mit dem Weißwein aufgießen, aufkochen, mit dem Zucker und 1/4 Teelöffel Salz abschmekken.

7. Die Sauce über die Würstchen in der Form gießen. Im Backofen (Mitte) in etwa 25 Minuten fertigbacken. Dazu passen Reis oder frisches Weißbrot und ein Retsina.

Variante:
Frikadellen mit Joghurtsauce
Keftédes fúrno ke jaoúrti

Statt Würstchen aus der Hackfleischmasse 24 kleine Frikadellen formen. 700 g Zwiebeln in Scheiben schneiden und in wenig Wasser mit 1 Eßlöffel Olivenöl und 1 Teelöffel Paprikapulver etwa 20 Minuten kochen, in ein Sieb geben. Die Zwiebeln auf dem Boden einer feuerfesten Form verteilen, reichlich Pfeffer darüber streuen. Die Frikadellen darauf legen und jeweils mit Butterflöckchen belegen. 1/4 l Weißwein angießen und die Frikadellen bei 225° etwa 15 Minuten im vorgeheizten Backofen (Mitte) braun backen. Umdrehen und die Rückseite ebenfalls in etwa 15 Minuten braun werden lassen. 500 g abgetropften griechischen Joghurt mit 4 Eiern verrühren und über die Frikadellen streichen. Die Frikadellen im Backofen weiterbacken, bis sich die Oberfläche bräunt.

Smyrna-Würstchen werden aus Hackfleisch geformt und im Ofen gebacken.

Musaka mit Auberginen

Mussakas mé melitsánes

Musaka – das ist das griechische Gericht! Es schmeckt übrigens auch mit Zucchini oder Kartoffeln statt der Auberginen phantastisch.

Zutaten für 4 Personen:
800 g Auberginen
Salz
2 Zwiebeln
3 Fleischtomaten
1/4 l Olivenöl
600 g Rinderhackfleisch
1/4 trockener Weißwein
Pfeffer, frisch gemahlen
1 Prise Zucker
1/2 Teel. Zimtpulver
1 Eßl. frisch gehackter Oregano (oder 1 Teel. getrockneter Oregano)
1 Bund glatte Petersilie, gehackt
100 g Semmelbrösel
100 g Kefalotiri-Käse oder Parmesan, frisch gerieben
40 g Butter
4 Eßl. Mehl
3/4 l Milch
Muskatnuß, frisch gerieben
Zitronensaft
3 Eier
Butter für die Form

Braucht etwas Zeit

Pro Portion etwa:
6400 kJ/1500 kcal
64 g Eiweiß · 110 g Fett
54 g Kohlenhydrate

- Zubereitungszeit: etwa 3 Stunden

1. Die Auberginen abspülen. Die Stielansätze entfernen, die Auberginen in etwa 1/2 cm dicke Längsscheiben schneiden. In Salzwasser 20 Minuten ziehen lassen. Herausnehmen und zwischen Küchenpapier legen. Die Zwiebeln fein würfeln. Die Tomaten häuten und klein würfeln.

2. Etwas Olivenöl erhitzen, die Auberginen anbraten. Auf Küchenpapier entfetten. Dann die Zwiebeln und das Hackfleisch anbraten, die Tomaten, den Weißwein, die Gewürze und die gehackte Petersilie dazugeben. Zugedeckt etwa 20 Minuten garen. Die Brösel, bis auf 2 Eßlöffel, und die Hälfte vom Käse, untermischen.

3. Die Butter erhitzen, das Mehl einrühren und anschwitzen. Die Milch einrühren und aufkochen, dann etwa 10 Minuten unter Rühren köcheln. Mit Salz, Pfeffer, Muskat und Zitronensaft würzen. 2 Eier mit dem restlichen Käse in die Sauce rühren. Eine feuerfeste Form ausfetten, mit den übrigen Semmelbröseln ausstreuen.

4. Den Backofen auf 180° vorheizen. Das restliche Ei unter die Hackfleischmasse rühren. Die Form mit der Hälfte der Auberginenscheiben auslegen, das Hackfleisch darauf streichen, mit den restlichen Auberginen belegen und mit der Sauce begießen. Im Backofen (Mitte) in etwa 1 Stunde fertigbacken.

Nudelauflauf
Pastítsio

Nudelfans schlägt bei diesem Auflauf das Herz höher. In Griechenland gehört er zum festen Repertoire der Alltagsküche und Tavernen. Servieren Sie ihn in Quadrate geschnitten und mit einem frischen bunten Salat!

Zutaten für 6 Personen:
250 g Makkaroni (möglichst aus Hartweizengrieß)
4 Eßl. Olivenöl
1 mittelgroße Zwiebel
600 g Rinderhackfleisch
3 Fleischtomaten (etwa 700 g)
1 Bund glatte Petersilie
Salz
Pfeffer, frisch gemahlen
je 1 Messerspitze Zimt- und Pimentpulver
1/4 l trockener Weißwein
40 g Butter
4 Eßl. Mehl
3/4 l Milch
1 Prise Muskatnuß, frisch gerieben
1 Eßl. Zitronensaft
3 Eier
100 g Kefalotiri-Käse oder Parmesan, frisch gerieben
Fett für die Form

Gelingt leicht

Pro Portion etwa:
5100 kJ/1200 kcal
61 g Eiweiß · 72 g Fett
72 g Kohlenhydrate

- Zubereitungszeit: etwa 1 Stunde 40 Minuten

1. Die Makkaroni in Salzwasser bißfest kochen. Das Olivenöl erhitzen. Die Zwiebel fein würfeln und darin andünsten. Das Hackfleisch dazugeben. Die Tomaten häuten, klein würfeln und untermischen. Die Petersilie fein hacken, mit den Gewürzen und dem Weißwein unterrühren und alles etwa 10 Minuten köcheln.

2. Die Butter erhitzen, das Mehl einrühren, anschwitzen und langsam die Milch dazugießen. Etwa 3 Minuten unter Rühren köcheln, mit Salz, Pfeffer, der Muskatnuß und dem Zitronensaft würzen, etwas abkühlen lassen, dann 2 Eier unterrühren. Den Backofen auf 180° vorheizen.

3. Eine feuerfeste Form ausfetten. Die Hälfte der Makkaroni hineinschichten und etwas von dem Käse darüber streuen. Das übrige Ei unter das Hackfleisch rühren und die Mischung auf die Nudeln streichen. Die restlichen Makkaroni darüber legen, mit der Sauce begießen und mit dem restlichen Käse bestreuen.

4. Die Form in den Backofen (Mitte) schieben und das Gericht in etwa 40 Minuten fertigbacken, bis die Oberfläche schön gebräunt ist. Dann aus dem Backofen nehmen, den Auflauf in Quadrate schneiden und servieren. Dazu paßt ein leichter griechischer Weißwein oder ein Bier.

Gemüse-auflauf

Briámi

Zutaten für 4 Personen:
je 300 g Auberginen, Zucchini und Kartoffeln
600 g Tomaten
2 Paprikaschoten
1 Bund Frühlingszwiebeln
1 Bund Petersilie · Salz
Pfeffer, frisch gemahlen
1 Bund Basilikum
3 Knoblauchzehen
100 ccm Olivenöl
Fett für die Form

Vegetarisch • Preiswert

Pro Portion etwa:
1700 kJ/400 kcal
8 g Eiweiß · 28 g Fett
28 g Kohlenhydrate

- Zubereitungszeit: etwa 2 Stunden

1. Die Auberginen und die Zucchini putzen, die Kartoffeln schälen. Das Gemüse in etwa 1/2 cm dünne Scheiben schneiden. Die Tomaten heiß überbrühen und häuten. Die Hälfte der Tomaten klein würfeln, dabei die Stielansätze entfernen.

2. Die Paprikaschoten halbieren, die Trennwände und die Kerne entfernen, ausspülen, in Streifen schneiden. Die Frühlingszwiebeln putzen und in Ringe schneiden. Die Petersilie waschen und fein hacken.

3. Eine feuerfeste Form ausfetten. Die Tomatenwürfel und die anderen Gemüse hineinschichten und jeweils mit der gehackten Petersilie bestreuen. Jede Schicht salzen und pfeffern. Das Basilikum in Blättchen darüber streuen. Den Backofen auf 180° vorheizen.

4. Das Olivenöl in eine kleine Schüssel geben. Die Knoblauchzehen dazudrücken, verrühren und über den Auflauf gießen. Die restlichen Tomaten in Scheiben schneiden und darüber legen.

5. Den Auflauf mit Alufolie abdecken und im Backofen (Mitte) etwa 1 Stunde garen, dann die Folie abnehmen und das Gericht weitere 30 Minuten überbacken.

Zucchini-auflauf

Sfogáto

Zutaten für 4 Personen:
800 g Zucchini
1 Zwiebel
6 Eßl. Olivenöl
400 g Rinderhackfleisch
Saft von 1/2 Zitrone
Salz
Pfeffer, frisch gemahlen
1 Bund glatte Petersilie
1 Bund Dill
4 Eier
2 Eßl. Milch
100 g Kefalotiri-Käse oder Parmesan, frisch gerieben
2 Eßl. Semmelbrösel
Fett für die Form

Gelingt leicht

Pro Portion etwa:
3100 kJ/740 kcal
45 g Eiweiß · 55 g Fett
17 g Kohlenhydrate

- Zubereitungszeit: etwa 1 1/2 Stunden

1. Die Zucchini putzen und klein würfeln. Die Zwiebel fein reiben. In einer Pfanne oder einer Kasserolle mit Deckel das Olivenöl erhitzen, die Zwiebel und das Rinderhackfleisch darin anbraten. Den Zitronensaft und 1/2 Tasse Wasser dazugießen, salzen, pfeffern und offen etwa 10 Minuten köcheln. Dann die Zucchiniwürfel dazugeben und zugedeckt etwa 15 Minuten schmoren.

2. Die Petersilie und den Dill fein hacken. Unter die Zucchini-Hackfleisch-Mischung rühren.

3. Die Eier mit der Milch verquirlen, salzen, pfeffern, die Hälfte von dem Käse untermischen und mit der Zucchini-Hackfleisch-Mischung vermengen.

4. Eine feuerfeste Form ausfetten und mit 1 Eßlöffel von den Semmelbröseln ausstreuen. Die Mischung einfüllen und mit dem restlichen Käse und den übrigen Semmelbröseln bestreuen. Im Backofen (Mitte) bei 180° in etwa 30 Minuten backen.

Im Bild oben: Gemüseauflauf
Im Bild unten: Zucchiniauflauf

Gefüllte Schühchen

Melitsánes papoutsákia

Die »Schuhe« sind in diesem Fall Auberginen, aber auch Zucchini-Schühchen schmecken köstlich. Sie können die »Schühchen« auch in der Fettpfanne des Backofens zubereiten.

Zutaten für 4 Personen:
4 mittelgroße Auberginen
4 Eßl. Olivenöl
1 große Zwiebel
300 g Rinderhackfleisch
2 große Fleischtomaten
Salz
Pfeffer, frisch gemahlen
1 Bund glatte Petersilie
2 Eßl. Semmelbrösel
100 g Kefalotiri-Käse oder
Parmesan, frisch gerieben
50 g Butter
2 schwach gehäufte Eßl. Mehl
1/2 l Milch
Muskatnuß, frisch gerieben
2 Eßl. Zitronensaft
1 Ei
1 Eßl. Tomatenmark
Fett für die Form

Raffiniert • Preiswert

Pro Portion etwa:
3500 kJ/830 kcal
38 g Eiweiß · 61 g Fett
35 g Kohlenhydrate

- Zubereitungszeit: etwa 2 Stunden

1. Die Auberginen abspülen, abtrocknen und die Stiel- und Blütenansätze abschneiden.

2. Das Olivenöl in einer Pfanne erhitzen und die ganzen Auberginen von allen Seiten darin anbraten. Etwas abkühlen lassen, halbieren und mit einem Eßlöffel vorsichtig das Fruchtfleisch, bis auf einen Rand, herausschaben, kleinhacken und beiseite stellen.

3. Die Zwiebel schälen und fein würfeln. Mit dem Hackfleisch im verbliebenen Öl in der Pfanne anbraten. Das kleingehackte Auberginenfleisch dazugeben. Die Tomaten häuten und kleinschneiden, dabei die Stielansätze und Kerne entfernen. Die Tomaten zu den übrigen Zutaten geben. Alles etwa 5 Minuten gut durchschmoren. Mit Salz und Pfeffer abschmecken. Die Petersilie fein hacken und unter die Zutaten in der Pfanne mischen. Die Semmelbrösel und die Hälfte von dem Käse unterrühren.

4. Eine große feuerfeste Form ausfetten. Die ausgehöhlten Auberginenhälften nebeneinander hineinsetzen und mit der Hackfleischmischung füllen.

5. Für die Béchamelsauce die Butter in einem Topf erhitzen, das Mehl einrühren und anschwitzen lassen. Die Milch unter ständigem Rühren dazugießen und aufkochen lassen, dann etwa 10 Minuten bei schwacher Hitze eindicken. Immer wieder rühren, damit die Sauce nicht ansetzt.

6. Den Topf von der Kochstelle nehmen und die Sauce mit Salz, Pfeffer, Muskatnuß und dem Zitronensaft abschmekken. Das Ei in einer Tasse verquirlen und mit dem Schneebesen einrühren, den restlichen Käse ebenfalls in die Sauce rühren. Den Backofen auf 225° vorheizen.

7. Die Auberginenhälften dick mit der Béchamelsauce überziehen. Das Tomatenmark in 1 Tasse Wasser anrühren und um die Auberginen gießen.

8. Die Form in den Backofen (Mitte) stellen und das Gericht in 30–40 Minuten überbakken. Dazu paßt ein griechischer Rotwein.

Variante:
Gefüllte Zucchinischühchen
Kolokithákia papoutsákia

Statt der Auberginen 4 große Zucchini etwa 10 Minuten in kochendem Salzwasser vorgaren, längs halbieren, die Stiel- und Blütenansätze entfernen, das Fruchtfleisch bis auf einen 1 cm dicken Rand ausschaben. Dann wie im Rezept beschrieben mit Hackfleisch füllen und überbacken.

Die »Auberginen-Schuhe« haben es in sich: eine köstliche Füllung aus Hackfleisch und griechischem Käse.

Auberginenröllchen

Melitsánes poúra

Zutaten für 4 Personen:
3 dicke Auberginen
Salz
1/8 l Maiskeim- oder Sonnenblumenöl zum Ausbacken
2 mittelgroße Zwiebeln
2 Knoblauchzehen
4 Eßl. Olivenöl
500 g mageres Rinderhackfleisch
2 Eßl. Tomatenmark
6 Eßl. Weißwein
Pfeffer, frisch gemahlen
1/2 Teel. getrockneter Oregano
1 Bund glatte Petersilie, gehackt
3 Eier
6 Eßl. Milch
100 g Kasséri-Käse oder Gruyère
Fett für die Form

Raffiniert

Pro Portion etwa:
4200 kJ/1000 kcal
45 g Eiweiß · 84 g Fett
13 g Kohlenhydrate

- Zubereitungszeit: etwa 2 Stunden

1. Die Auberginen waschen und putzen und in Längsscheiben schneiden. Etwa 20 Minuten in Salzwasser stehen lassen. Dann auf Küchenpapier trocknen.

2. Etwas Öl erhitzen und die Auberginen portionsweise von beiden Seiten darin braten.

3. Die Zwiebeln würfeln, die Knoblauchzehen dazudrücken. In dem Olivenöl andünsten, das Hackfleisch dazugeben und anbraten. Das Tomatenmark, 1/8 l Wasser, den Weißwein, Salz, Pfeffer, den Oregano und die Petersilie unterrühren und gut durchkochen.

4. Auf jede Auberginenscheibe 1 Teelöffel von der Fleischmasse geben, zu Röllchen formen und in die gefettete Form legen. Die Eier mit der Milch verquirlen und darüber gießen. Den Käse darüber streuen. Im Backofen (Mitte) in etwa 25 Minuten überbacken.

Gefüllte Tomaten und Paprika

Domátes ké piperiés

Zutaten für 4 Personen:
4 große Tomaten
4 grüne Paprikaschoten
Zucker
Salz
Pfeffer, frisch gemahlen
8 Eßl. Olivenöl
1 Zwiebel
400 g Rinderhackfleisch
60 g Reis
1/2 Bund glatte Petersilie, gehackt
1 Prise Pimentpulver
3 Eßl. Semmelbrösel
4 Kartoffeln
1 Eßl. Tomatenmark
Fett für die Form

Preiswert • Raffiniert

Pro Portion etwa:
3000 kJ/710 kcal
29 g Eiweiß · 52 g Fett
37 g Kohlenhydrate

- Zubereitungszeit: etwa 2 Stunden

1. Die Tomaten und die Paprikaschoten abspülen und je einen Deckel abschneiden. Die Tomaten aushöhlen, das Fruchtfleisch kleinhacken. Von den Paprika Trennwände und Kerne entfernen und ausspülen. Eine feuerfeste Form ausfetten. Das Gemüse hineinsetzen. Die Tomaten mit wenig Zucker, Tomaten und Paprika mit etwas Salz und Pfeffer ausstreuen.

2. Etwas Olivenöl erhitzen. Die Zwiebel würfeln, andünsten, das Hackfleisch dazugeben und anbraten. Das Tomatenfruchtfleisch, den Reis und die Petersilie mit etwa 1/2 Tasse Wasser untermischen. Mit dem Pimentpulver, Pfeffer und Salz würzen und durchkochen.

3. Die Tomaten und Paprika mit der Mischung füllen, mit den Semmelbröseln bestreuen. Den Gemüsen den Deckel aufsetzen, das restliche Olivenöl darüber gießen.

4. Die Kartoffeln schälen, vierteln und zwischen das Gemüse legen. Das Tomatenmark in einer Tasse Wasser verrühren und zum Gemüse gießen. Im Backofen (Mitte) bei 180° etwa 1 Stunde garen.

Im Bild oben: Gefüllte Tomaten und Paprika
Im Bild unten: Auberginenröllchen

Pastete mit Vanillecreme

Galaktobóuriko

Diese Pastete läßt sich als Dessert für viele Gäste gut vorbereiten. Bedecken Sie die Pastete dann mit einem feuchten Tuch und schieben Sie sie rechtzeitig bevor die Gäste kommen in den Backofen.

Zutaten für etwa 30 Stücke:

3 Eier
300 g Zucker
90 g Hartweizengrieß
1 Vanillestange (oder 2 Päckchen Vanillinzucker)
1 unbehandelte Zitrone
1 l Milch
1 Prise Salz
etwa 300 g (6 Blätter) Filloteig (ersatzweise etwa 500 g tiefgefrorener Blätterteig, aufgetaut)
150 g Butter
8 Eßl. Milch
1 Teel. Zimtpulver
Butter für das Backblech

Raffiniert • Für Gäste

Bei 30 Stücken pro Stück etwa:
980 kJ/230 kcal
10 g Eiweiß · 17 g Fett
11 g Kohlenhydrate

- Zubereitungszeit: etwa 2 Stunden

1. In einer Rührschüssel die Eier mit 200 g Zucker schaumig schlagen. Den Grieß einrieseln lassen. Die Vanillestange längs aufschneiden, das Mark herausschaben und dazugeben. Die Zitrone heiß abspülen, die Schale abreiben und unterrühren. Die Zitrone auspressen, den Saft beiseite stellen.

2. Die Milch unter die Masse in der Rührschüssel mischen, die leere Vanillestange und das Salz dazugeben, alles in einen Topf gießen und unter Rühren aufkochen. Wenn die Mischung dick wird, den Topf von der Kochstelle nehmen, die Vanilleschote entfernen und die Creme abkühlen lassen, ab und zu umrühren.

3. Ein Backblech mit etwas Butter ausfetten. 3 Filloteig-Blätter darauf legen, die Ränder überhängen lassen. (Bei Blätterteig 2 x 4 Platten aufeinander legen und jeweils etwa 5 cm größer als das Blech ausrollen, so daß zwei große Teigblätter entstehen. Das Blech kalt abspülen und eine Teigplatte darauf legen.)

4. In einem kleinen Topf die Butter und die Milch erwärmen. Die Teigblätter auf dem Blech gut damit bepinseln. (Blätterteig muß nicht bepinselt werden.)

5. Die abgekühlte Vanillecreme gleichmäßig auf dem Teig verteilen, dann die Ränder der Teigblätter nach innen umklappen. Sowohl beim Fillo- als auch beim Blätterteig die Ränder mit der Milch-Butter-Mischung bepinseln.

6. Weitere 3 Filloteig-Blätter oder die übrige ausgerollte Blätterteigplatte über die Füllung auf dem Blech legen. Wieder den Teig mit der Milch-Butter-Mischung bepinseln – auch den Blätterteig –, die Ränder nach unten einklappen, so daß die Pastete bedeckt ist. Den Backofen auf 180° vorheizen.

7. Mit einem scharfen Messer in die Pastete vorsichtig etwa 7 cm breite Streifen (auf der breiteren Blechseite) und 6 cm breite Streifen (auf der schmaleren Blechseite) einritzen, so daß etwa 30 Rechtecke entstehen. Diese noch einmal diagonal einschneiden, so daß aus jedem Rechteck 2 Dreiecke werden.

8. Die Pastete mit etwas Wasser besprenkeln. Das Blech in den Backofen (Mitte) schieben und die Pastete 35–40 Minuten backen. Inzwischen in einem Topf den restlichen Zucker mit dem Zimtpulver und dem Zitronensaft mit 1/8 l Wasser 1–2 Minuten zu Sirup kochen, abkühlen lassen und die heiße Pastete damit tränken.

Tip!

Übrigen Fillo- oder Blätterteig können Sie in Folie verpackt im Kühlschrank 5–6 Tage aufbewahren und zum Beispiel für die Zubereitung von Käsedreiecken verwenden.
Das Einschneiden der Pastete vor dem Backen ist übrigens ganz wichtig, damit sich der Teig während des Backens nicht aufblähen kann. Sie sollten den Teig allerdings nicht ganz durchschneiden, sonst zerfällt die Pastete.

Honig-häppchen

Loukoumádes

Diese kleinen fritierten, in Honigsirup getränkten Hefeteig-Bällchen gibt es in vielen Variationen im gesamten Orient. Frisch gebacken schmecken sie am besten.

Zutaten für etwa 40 Stück:
200 g Honig
1 Stück Zimtstange
Saft von 1/2 Zitrone
250 g Mehl
20 g Hefe (1/2 Würfel)
1 Prise Salz
Öl zum Fritieren

Braucht etwas Zeit

Bei 40 Stück pro Stück etwa:
180 kJ/43 kcal
1 g Eiweiß · 1 g Fett
7 g Kohlenhydrate

- Zubereitungszeit: etwa 2 1/2 Stunden

1. Den Honig mit 1/2 l Wasser, der Zimtstange und dem Zitronensaft in einen Topf geben und etwa 15 Minuten sprudelnd kochen, dann abkühlen lassen.

2. Das Mehl in eine Schüssel sieben, in die Mitte eine Mulde drücken und die Hefe hineinbröckeln. Knapp 1/8 l warmes Wasser in die Mulde gießen und die Hefe mit etwas Mehl zu einem Vorteig verrühren. Die Schüssel mit einem Küchentuch abgedeckt warm stellen und den Teig mindestens 1/2 Stunde gehen lassen.

3. Das Salz auf das Mehl geben, noch einmal knapp 1/8 l warmes Wasser dazugießen und alles zu einem geschmeidigen Teig verrühren. Die Schüssel mit einem Küchentuch bedeckt warm stellen und 1–1 1/2 Stunden gehen lassen, bis sich die Menge verdoppelt hat.

4. Reichlich Öl in einer Friteuse oder einem Fritiertopf erhitzen, bis ein in das heiße Öl gehaltener hölzerner Zahnstocher Bläschen wirft.

5. Einen Teller mit einer doppelten Lage Küchenpapier, einen Schaumlöffel, den Topf mit dem Honig-Zitronen-Sirup und einen Teller für das fertige Gebäck bereitstellen.

6. Die Hände und einen Teelöffel mit etwas Öl einfetten. In die linke Hand etwas Teig nehmen und zwischen Daumen und Zeigefinger ein haselnußgroßes Teigbällchen herausdrücken. Das Bällchen mit dem Teelöffel abnehmen, schnell mit dem Daumen vom Löffel abstreifen und in das heiße Fett fallen lassen. Kurz backen, bis sie leicht gebräunt sind. Auf diese Weise jeweils 5–6 Bällchen auf einmal backen, bis der Teig verbraucht ist.

7. Die Bällchen mit dem Schaumlöffel aus dem Fett heben, auf Küchenpapier kurz entfetten, dann in den Sirup tauchen. Kurz ziehen lassen, auf einem Teller abkühlen lassen, dann servieren.

Tip!

Sie brauchen schon etwas Übung, um die Teigbällchen wie beschrieben zu formen – richtig gut können das nur die griechischen Loukoumádes-Bäcker. Einfacher als die Bällchen zwischen Daumen und Zeigefinger herauszudrücken ist es, mit einem Teelöffel etwas Teig abzunehmen und ihn mit einem zweiten in das Fett abzustreifen. Dann werden die Bällchen zwar nicht so gleichmäßig, aber sie schmecken trotzdem köstlich.

Honighäppchen sind eine süße griechische Köstlichkeit und schmekken gut zu einer Tasse Kaffee.

Grieß-Halva

Polítikos halvas

Zutaten für 6 Personen:
abgeriebene Schale von
1/2 unbehandelten Zitrone
2 Gewürznelken
1/2 Zimtstange
250 g Zucker
125 g Butter
250 g Hartweizengrieß
100 g Mandelstifte
1 Teel. Zimtpulver
2 Teel. Puderzucker

Gelingt leicht

Pro Portion etwa:
2500 kJ/600 kcal
8 g Eiweiß · 27 g Fett
80 g Kohlenhydrate

- Zubereitungszeit: etwa 3 Stunden (davon etwa 2 Stunden Kühlzeit)

1. 1/2 l Wasser mit der Zitronenschale, den Gewürznelken, der Zimtstange und dem Zukker in einem Topf aufkochen, dann etwa 5 Minuten bei schwacher Hitze köcheln lassen. Beiseite stellen.

2. Die Butter in einem Topf mit breitem Boden zerlassen. Den Grieß einrieseln lassen und bei mittlerer Hitze unter Rühren anrösten, bis er ganz leicht Farbe annimmt. Dann die Mandelstifte dazugeben und mitrösten, bis alles goldgelb ist.

3. Das Zuckerwasser aus dem beiseite gestellten Topf durchsieben. Den Topf mit dem Grieß von der Kochstelle nehmen und die Zuckermischung unter Rühren langsam dazugießen. Vorsicht, es kann spritzen. Bei schwacher Hitze unter ständigem Rühren etwa 8 Minuten weiterkochen, bis ein sehr dikker Brei entstanden ist.

4. Eine Schüssel mit Wasser ausspülen, die Masse hineingeben, glattstreichen und etwa 2 Stunden kühl stellen. Dann auf eine Platte stürzen und mit Zimtzucker bestreuen.

Gelee mit frischen Früchten

Gelé froúton

Zutaten für 4–6 Personen:
1 mittelgroße unbehandelte Orange
200 g Zucker
15 Blatt weiße Gelatine
1/4 l Orangensaft
1/4 l Zitronensaft
1/4 l trockener Sherry
2 cl griechischer Weinbrand
600–700 g gemischte frische
Früchte (Kirschen, Erdbeeren,
Weintrauben und Feigen)

Braucht etwas Zeit

Bei 4 Personen pro Portion etwa:
2000 kJ/480 kcal
23 g Eiweiß · 1 g Fett
83 g Kohlenhydrate

- Zubereitungszeit: etwa 6 Stunden (davon etwa 5 Stunden Kühlzeit)

1. Von der Orange die Schale ohne die weiße Innenschale in einen Topf abreiben und mit 1/2 l Wasser und dem Zucker etwa 3 Minuten sprudelnd aufkochen.

2. Die Gelatine etwa 2 Minuten einweichen, ausdrücken und in dem Orangensirup unter Rühren auflösen. Den Topf von der Kochstelle nehmen, die Säfte, den Sherry und den Weinbrand unterrühren.

3. Eine große Puddingform kalt ausspülen und etwa ein Drittel der Geleeflüssigkeit hineingeben. Im Kühlschrank fest werden lassen.

4. Inzwischen die Früchte vorbereiten und eventuell kleinschneiden. Die geschälte Orange filetieren. Die Hälfte der Früchte auf die Geleeschicht in der Form verteilen, dann wieder ein Drittel von der Geleeflüssigkeit darüber gießen und im Kühlschrank fest werden lassen.

5. Die restlichen Früchte auf die Geleeschicht geben und mit der übrigen Geleeflüssigkeit bedecken. Das Früchtegelee 3–4 Stunden im Kühlschrank fest werden lassen.
Dann auf eine Platte stürzen und servieren.

Bild oben: Grieß-Halva
Bild unten:
Gelee mit frischen Früchten

Mandelgebäck

Kourabiédes

Zutaten für etwa 40 Stück:
200 g weiche Butter
150 g Zucker
1 Päckchen Vanillinzucker
1 Eßl. Ouzo (ersatzweise 1 Prise Anispulver)
2 Eier
1 Prise Salz
375 g Mehl
125 g gemahlene Mandeln
40 Gewürznelken
3 Eßl. Rosenwasser (griechisches oder türkisches Spezialgeschäft)
Puderzucker
Butter für das Backblech

Gelingt leicht

Bei 40 Stück pro Stück etwa:
490 kJ/120 kcal
2 g Eiweiß · 7 g Fett
12 g Kohlenhydrate

- Zubereitungszeit: etwa 1 Stunde 40 Minuten

1. Die Butter zerlassen, mit dem Zucker in eine Rührschüssel geben und schaumig rühren. Den Vanillinzucker, den Ouzo, die Eier und das Salz dazugeben und unterrühren.

2. Das Mehl auf die Masse sieben, die Mandeln dazugeben und unterrühren. Alles zu einem geschmeidigen Teig verkneten. Zugedeckt etwa 15 Minuten im Kühlschrank ruhen lassen. Den Backofen auf 180° vorheizen.

3. Ein Backblech mit Butter gut ausfetten. Aus dem Teig pflaumengroße, ovale Plätzchen formen und auf das Backblech setzen. Die Oberflächen der Plätzchen mit einem Messerrücken leicht abflachen. In jedes Plätzchen eine Gewürznelke stecken und im Backofen (Mitte) etwa 20 Minuten backen, bis sie ganz leicht Farbe annehmen.

4. Die noch warmen Plätzchen mit dem Rosenwasser leicht bepinseln. Reichlich Puderzucker auf einen Teller geben und die Plätzchen darin wenden, dann servieren.

Grießkuchen

Revaní

Zutaten für 1 Springform von 28 cm Ø (etwa 12 Stück):
125 g Mehl
3 Teel. Backpulver
140 g Hartweizengrieß
1 Prise Salz
6 Eier
200 g weiche Butter
375 g Zucker
1 Päckchen Vanillinzucker
50 g Mandelstifte
abgeriebene Schale von 1 unbehandelten Orange
1/8 l Orangensaft
2 Eßl. griechischer Weinbrand
Saft von 1/2 Zitrone
Butter für die Form

Gelingt leicht

Bei 12 Stück pro Stück etwa:
1800 kJ/430 kcal
7 g Eiweiß · 20 g Fett
52 g Kohlenhydrate

- Zubereitungszeit: etwa 1 1/2 Stunden

1. Das Mehl und das Backpulver in eine Rührschüssel sieben, den Grieß und das Salz untermischen.

2. Die Eier trennen. Die Eiweiße steif schlagen. In einer anderen Schüssel die weiche Butter mit einem Drittel von dem Zucker, dem Vanillinzucker und den Eigelben schaumig rühren.

3. Abwechselnd die Mehl-Grieß-Mischung und den Eischnee untermischen. Dann die Mandelstifte, die Orangenschale und den Orangensaft unterrühren.

4. Den Backofen auf 175° vorheizen. Eine Springform ausfetten. Den Teig in die Form gießen und im Backofen (Mitte) 45–60 Minuten backen.

5. Den restlichen Zucker mit dem Weinbrand, dem Zitronensaft und 1/8 l Wasser in einen Topf geben und gut durchkochen. Den fertigen Kuchen damit tränken.

Im Bild oben: Grießkuchen
Im Bild unten: Mandelgebäck

Osterbrot

Tsourékia

Zutaten für 1 Osterbrot:
8 Eier
rote Ostereierfarbe
1/2 Teel. Öl
500 g Mehl
30 g Hefe (3/4 Würfel)
100 g Zucker
100 g Butter
1 Prise Salz
abgeriebene Schale von
1 unbehandelten Orange
1 Teel. Anispulver
1 Eigelb
50 g Sesamsamen
Butter für das Backblech

Braucht etwas Zeit

Pro Osterbrot etwa:
17000 kJ/4000 kcal
130 g Eiweiß · 180 g Fett
480 g Kohlenhydrate

- Zubereitungszeit: etwa 3 3/4 Stunden (davon etwa 2 1/4 Stunden Ruhezeit)

1. In einem Topf reichlich Wasser zum Kochen bringen und 5 Eier darin etwa 5 Minuten kochen. Dann mit der roten Ostereierfarbe nach Anleitung färben und mit dem Öl einreiben, damit sie schön glänzen.

2. Das Mehl in eine Rührschüssel sieben. Eine Mulde in die Mitte drücken. Die Hefe in einer kleinen Schüssel mit 6 Eßlöffeln warmem Wasser und 1 Teelöffel Zucker glattrühren, in die Mehlmulde gießen und mit etwas Mehl verrühren. Die Schüssel mit einem feuchten Tuch bedecken und an einem warmen Ort etwa 30 Minuten gehen lassen.

3. Die Butter in einen Topf geben und zerlassen. Den restlichen Zucker, die flüssige, lauwarme Butter, das Salz, die Orangenschale, das Anispulver oder den Ouzo und die restlichen Eier unter den Teig mischen und kneten, bis ein weicher, elastischer Teig entstanden ist. Klebt er an den Händen, diese mit Öl einreiben, ist der Teig zu fest, noch 2 Eßlöffel Milch unterkneten.

4. Den Teig zugedeckt an einem warmen Ort etwa 1 1/2 Stunden gehen lassen, bis sich sein Volumen etwa verdoppelt hat.

5. Den Teig aus der Schüssel nehmen und mit eingeölten Händen nochmals gut durchkneten. Dann etwa ein Drittel von dem Teig abschneiden und beiseite legen.

6. Aus dem größeren Stück Teig einen länglichen, etwa 5 cm hohen Laib formen und an den Seiten zusammendrükken. Ein Backblech ausfetten und den Laib darauf legen.

7. Den beiseite gelegten Teig in 4 Teile teilen. Diese jeweils zu Würsten rollen – etwa in Länge des Laibes. Je 2 Rollen umeinander winden und um den Laib herum legen und leicht festdrücken.

8. Den Backofen auf 180° vorheizen.

9. Das Eigelb in einer Schüssel mit 1 Eßlöffel Wasser verrühren. Das Brot damit bepinseln, dann dick mit dem Sesamsamen bestreuen. Das Brot noch etwa 15 Minuten gehen lassen.

10. In das Brot in gleichmäßigen Abständen 5 Vertiefungen drücken und die gefärbten Eier hineinsetzen.

11. Das Brot auf dem Backblech in den Backofen (Mitte) schieben und in 30–40 Minuten backen. Dann herausnehmen und auf einem Kuchengitter auskühlen lassen.

Variante:
Neujahrskuchen
Vasilópitta

Den Teig wie beschrieben zubereiten und eine in Alufolie gewickelte Münze darin verstecken. Dann in eine ausgefettete Springform (30 cm Ø) geben und mit Eigelb bestreichen. Mit halbierten Mandeln ein Kreuz legen und alles mit Sesamsamen bestreuen. Den Kuchen im Backofen (Mitte) bei 180° 30–40 Minuten backen. Wer beim Aufschneiden des Kuchens in der Silvesternacht die Münze in seinem Stück findet, ist ein Glückspilz.

Ein Osterbrot darf zum Fest nicht fehlen. Hier eine kleinere Version mit nur 3 gefärbten Eiern.

REZEPT- UND SACHREGISTER